Michelle Fox.

A L'OMBRA DEL XOMOLUNGMA

A l'ombra del Xomolungma

ANNA MUNTANER LLIMA

Finalista Premi Columna Jove 1995

COLUMNA JOVE

Primera edició: febrer de 1996
Projecte gràfic: Ricard Badia & Associats
Disseny de la coberta: Àrtur Roselló

Columna Edicions, S. A.
Carrer Viladomat, 135 - 08015 Barcelona
ISBN: 84-8300-041-5
Dipòsit legal: B. 8578-1996
Imprès a Balmes, S.L.
Carrer Amadeu Torner, 111 - 08902 L'Hospitalet de Llobregat

Al Santi

I

Va tornar en si en una cambra fosca plena de runa. No sabia què hi feia allí ni on es trobava. De seguida va sentir que la por li atenallava la gola, sense deixar-lo respirar. Llavors, va fer un gran esforç per conservar la calma i va dir el seu nom en un xiuxiueig: «Sóc en Joan Capdevila, tinc quinze anys i estic de viatge amb el pare pel Tibet...! El Tibet!!». El cor li va fer un salt. Ho acabava de recordar tot.

—Pare! —va cridar.

Però la seva veu va morir sense ecos en la sala rònega, igual com el crit de *BÖ RANGZEN* havia mort a la plaça del Jokhang sota el foc xinès. Instintivament, es va tapar les orelles com si sentís el soroll eixordador de les ràfegues de metralladora que els soldats havien disparat sobre la multitud indefensa.

—Quin horror!

Encara ressonava dintre seu el crit dels manifestans: *Bö rangzen! Bö rangzen!* (Llibertat per al Tibet!) I veia els seus rostres tensos, les figures immòbils sota la llum blanca del migdia. Després, de cop i volta, sentia com esclatava una fressa atordidora i advertia que la sang ho començava a tacar tot: la pols del terra i els cossos abatuts dels homes, les dones i les criatures...

Crac!

El Joan va fer un bot: havia sentit un soroll! Potser li havien seguit la pista i estaven a punt de detenir-lo. Si el matessin allà mateix, mai més ningú no en tornaria a saber res.

Crac!

Es va estremir de cap a peus. No podia veure què provocava el soroll en la penombra que regnava a la cambra, però semblaven passos. El cor li bategava amb tanta força que quasi li feia mal. Quan li va semblar veure una ombra prop seu, s'hi va tirar a sobre.

Plam!

Sense transició, es va trobar estirat tan llarg com era als peus d'un home vell vestit amb la túnica color granat dels monjos tibetans.

—*Toshi dili!* (Hola!) —va dir l'home.

Malgrat que es trobava mig estabornit pel cop, el Joan va distingir que l'home li parlava en tibetà i que la veu era suau. També es va adonar que era un monjo, com el que el dia anterior l'havia salvat de ser fet presoner pels xinesos; com els que havien iniciat la manifestació davant del temple Jokhang. I això el va tranquillitzar.

En aquell moment, una substància viscosa va impregnar la mà que el Joan tenia estesa a terra.

—Ahhh! —va cridar.

S'havia aixecat d'una revolada i es mirava estupefacte. Tenia el palmell i els dits coberts de sang. No sabia d'on venia i va tenir por d'estar ferit i no haver-se'n adonat. Era una sang espessa, mig agrumollada, que li relliscava cap al colze amb una olor que el marejava...

L'últim que va veure era que el terra ensangonat se li venia al damunt a una velocitat vertiginosa. I va perdre de nou el món de vista.

Es va despertar al costat del monjo. L'home seia en la posició de la flor del lotus i es mantenia tan immòbil que semblava irreal.

—*Hello!* —va mormolar el Joan.

El monjo no va moure ni un múscul.

—*Toshi dili!* —va repetir el noi en tibetà.

Però res no va destorbar els pensaments del monjo, que estava completament absort en les seves reflexions.

El noi va observar amb atenció el tibetà. Sota el crani esvelt i magre, desprovist de pèl, sorgia un rostre solcat de profundes arrugues que irradiava una profunda serenitat. Entre els dits llargs i prims hi sostenia una mena de rosari llarguíssim amb grans grossos com olives.

«El cap rapat, l'espatlla a l'aire, la túnica granat... —es deia el Joan per a si mateix—... Té exactament el mateix aspecte que Jetsun. Només canvia l'edat: aquest és vell i Jetsun era com jo, més o menys d'uns quinze anys... Quina relació hi deu haver entre ells dos? Jetsun va dir que tornaria tan aviat com hagués esbrinat què havia succeït amb el pare i els altres periodistes... Però, quan de temps fa, ja, que va marxar? Quantes hores he estat sense sentit? Si no torna, la meva única salvació és aquest home. No me n'haig de separar per res del món!»

Se sentia abatut per la por i el desconcert. Cada vegada podia recordar amb més claredat els successos del dia abans quan s'havia separat del seu pare, en plena manifestació.

«Torna a l'hotel!» li havia dit el pare omplint-li les butxaques de rodets ja fets. «No t'exposis amb la policia xinesa, fill, no t'exposis, que ho arrasaran tot!» Després encara havia afegit: «No tenen res contra els estrangers de Lhasa, Joan, no ens pot passar res... Tu vés a l'hotel i no te'n moguis fins que jo torni.» Les mans que subjectaven la seva càmera de professional tremolaven d'emoció davant d'un reportatge com aquell.

Però el pare no havia previst que no seria fàcil tornar a l'hotel. Quan, al cap de les hores, el Joan va aconseguir d'arribar al vell edifici tibetà que els albergava, el va trobar en flames i estretament vigilat per l'exèrcit.

—*Toshi dili!* (Hola!).

La veu lenta del vell monjo havia interromput els seus pensaments. Es va sentir infinitament reconfortat de tenir algú vora seu que estigués viu i despert i el pogués orientar per sortir del laberint de sales i corredors on havia fet cap amb Jetsun. Perquè cada vegada tenia més por que el seu amic no tornés.

—*Do you speak English?* —va dir el noi al monjo.

De cop, el monjo va perdre el seu aspecte solemne i, com si no hi fos tot, va començar a riure i a pronunciar dues o tres frases inconnexes en anglès.

—*How much? How much...? Ten dollar, ten dollar, ten dollar!*

Es trencava de riure mentre pronunciava les tres o quatre paraules en anglès que coneixia, com si fossin molt divertides. El Joan no sabia cap on mirar ni què pensar. Havia quedat mut de la sorpresa davant d'aquella situació tan inversemblant.

Les rialles del monjo van acabar tan en sec com havien començat. Una ganya de dolor li va desfigurar el rostre mentre s'apartava alguns plecs de la túnica que li cobria l'abdomen. El Joan va poder veure com la sang rajava a borbolls i impregnava la tela aspra i va sentir la lleu pudor a podrit que ja l'havia marejat abans.

Estava clar que l'home delirava en la llarga agonia d'una ferida al ventre que era mortal per necessitat. Va fer un esforç sobrehumà per no tornar a perdre el món de vista i li va parlar amb les poques paraules de tibetà que coneixia:

—*Di karei rei?* (Què és això?)

—*Yagumindoo... yagumindoo...* (dolent... dolent) —va respondre el monjo amb veu somorta junt amb altres paraules que el jove no va entendre.

—*Su?... Su?* (Qui?)

—*Kong zu... Chinese...* (Ells... xinesos.)

—*Kasa?* (Ahir?)

—*Rei, rei.* (Sí, sí) *Bö rangzen, bö rangzen!* —va respondre el monjo tot il·luminant el seu rostre demacrat amb un somriure.

—Com se surt d'aquí...? On és la sortida...?

El Joan barrejava l'anglès amb les poques paraules de tibetà que coneixia. Precisament no sabia com dir *sortida.*

—Lhasa, Lhasa, LHASA! —insistia el jove repetint el nom de la ciutat i acompanyant les seves paraules amb gestos eloqüents.

—*Kali, kali. Sengyi.* (A poc a poc. Demà).

No va entendre res més de la resposta. Tanmateix, la serenitat, que l'home vell havia recuperat plenament, el va calmar, i fins i tot va sentir una viva curiositat quan el monjo va treure un llibre tibetà de tapes de fusta i fulls relligats d'un plec de la seva àmplia túnica.

L'ancià llegia frases del llibre i li demanava al Joan que les repetís. Així van passar les hores fins que el segon capvespre des dels disturbis va llançar rajos oblics i daurats a través de les finestres.

El Joan es va adormir als peus del monjo repetint frases inintel·ligibles, rendit de fam, son i fatiga quan ja feia un dia i mig que Jetsun havia marxat.

Al matí següent, quan l'alba començava a clarejar, un soroll indefinit va despertar el Joan. Immòbil, amb tots els pèls del cos eriçats per la tensió i la por, va escoltar atentament fins que va tornar a sentir un fregadís quasi imperceptible: era algú que es movia amb precaució entre els objectes amuntegats.

—*Who is there?* (Qui hi ha?) —va cridar de cop i volta, disposat a encarar-se amb el perill, fos quin fos.

—*Who is there?* —va repetir després d'un silenci tens, increïblement llarg.

—*It's me!* (Sóc jo!)

El Joan va girar-se d'un bot. Una veu pastosa, irreconeixible havia sorgit de l'angle oposat on es trobava i, entre la penombra i la runa, no podia veure de qui es tractava.

Va mirar el monjo esperant alguna indicació, un gest sobre què fer, però ell romania immòbil assegut en la flor del lotus, amb una expressió tan estranyament endurida al rostre que un calfred d'espant va recórrer l'espinada del Joan.

Una ombra s'acostava. Per fi un raig de sol li va il·luminar el rostre.

—Però... si ets Jetsun...! —va exclamar en un esglai.

La cara que havia vist a penes s'assemblava a la del noiet que l'havia rescatat d'entre els morts i ferits, al restaurant del barri vell de Lhasa, el dia de la manifestació, quan la policia xinesa estava a punt d'arrasar el local.

—Jetsun, què t'ha passat...?

Tenia el rostre entumit mig cobert de sang resseca, amb el nas i els llavis tan inflats que li deformaven completament la fesomia. Una cella partida, d'on encara rajava un regueró de sang, li mantenia un ull tancat al fons d'un enorme morat. Multitud d'hematomes es podien apreciar al cap rapat, al front, al coll, als braços, a qualsevol part visible del cos.

El Joan es va adonar que Jetsun no podia parlar a causa dels cops. Així, sense saber què fer per donar-li consol i agrair-li el seu retorn, el va abraçar amb emoció.

—Els xinesos em van empresonar —va explicar amb lentitud i dificultat el jove tibetà al cap d'uns minuts—. Agafaven qualsevol persona que tombés pel carrer aquell dia, però s'acarnissaven especialment amb els monjos i els lames.

—Has fugit?

—No. M'han deixat anar perquè no m'han pogut treure ni una paraula... M'han aviat després d'apallissar-me.

—Ni una paraula de què...?

—De res. Com que sóc monjo es pensaven que era activista. De fet, estan convençuts que els monestirs són reductes independentistes on s'hi amaguen els líders de l'oposició al règim.

El Joan es va adonar que eludia donar una resposta concreta, però en aquell moment el que més el preocupava era una altra cosa.

—Aquell dia, vas arribar a l'hotel? Vas saber alguna cosa del meu pare? —li va preguntar al jove monjo amb ansietat.

—Em van dir que tots els estrangers havien estat expulsats de Lhasa immediatament després de començar els disturbis. Alguns van resultar ferits... ningú no sap del cert si hi ha hagut algun mort...

—Déu meu! On deu ser el pare?!

—Els xinesos es van encruelir amb els reporters perquè filmaven i feien fotografies. Primer els van donar un toc d'alerta, però als reincidents els van colpejar, trencar les càmeres, velar els rodets i detenir de mala manera, com si fossin delinqüents. El vostre hotel es va incendiar en una escaramussa entre turistes occidentals i la policia. Es veu que la policia va acabar llançant una granada que va provocar el foc.

—Va morir algú?

—No se sap, però diuen que alguns periodistes han estat empresonats i acusats d'actuar contra el règim. Diuen que seran jutjats a Pequín i que hauran de complir condemna a la Xina.

—Què dius ara?!

—El que sents. I crec que el teu pare està entre els acusats. No és seu això?

Li va ensenyar la funda d'una càmera en què hi havia l'enganxina de «Estimo Altafulla».

—Altafulla, el meu poble! És clar que és seva aquesta funda!

—Doncs ell és un dels empresonats. El van traslladar a Pequín ahir. Per ara està incomunicat per ser un presoner polític.

—Per què tot això?

—No volien que el món exterior conegués la revolta tibetana ni la brutal repressió xinesa. No volien que se sabés que aquí no es respecten els drets humans.

—Potser mataran el pare!

—No, Joan. No s'atreviran a matar cap occidental. No sabrien com explicar-ho als ambaixadors ni a la premsa estrangera. Però els faran pagar el que han fet, perquè no es repeteixi, ho entens? Sobretot, volen evitar que ara hi hagi una allau de periodistes occidentals que vinguin per escriure reportatges sobre el que passa aquí!

—Jetsun, amic meu! Estic completament sol... Què puc fer jo, ara?... Si em lliuro a la policia, em prendran els rodets... I si no ho faig, no podré sortir de Lhasa!

Durant les hores que havia durat l'absència del jove monjo, el Joan havia pensat molt en els rodets. Sabia que per al seu pare eren el tresor més preciat perquè coneixia perfectament la importància que per a ell tenia aconseguir de fer un bon reportatge. Però allò era encara molt més perquè es tractava d'una veritable exclusiva de les manifestacions més virulentes que havien sacsejat el Tibet des del 1959, quan el Dalai Lama s'havia exiliat.

També era conscient que el pare confiava completament en ell i que, per aquest motiu, havia deixat els rodets sota la seva tutel·la enfront del perill que representaven els xinesos. Per totes aquestes coses i per altres que no aconseguia d'expressar amb claredat ni tan sols dintre d'ell mateix, havia decidit de no perdre ni deixar-se prendre els rodets per res del món, ni que li hagués de costar la seva pròpia vida.

En sentir parlar dels rodets, una tremolor va sacsejar Jetsun de cap a peus. Fins i tot, l'expressió de la seva cara va canviar.

—Tens rodets...? Vols dir fotografies de la revolta?!

—I tant! Ja saps que el pare és periodista. Forma part d'un grup de reporters de la Comunitat Europea que vol elaborar un reportatge sobre la situació del Tibet a l'actualitat. El que han vist i han fotografiat té un valor incalculable per al periodisme mundial!

—De quan són les imatges?

—El pare me les va donar després de les tres primeres càrregues de la policia, en la petita pausa que hi va haver abans que comencés la quarta. En tinc dotze o tretze rodets... mira'ls —va contestar el Joan ensenyant-los-hi.

Es van adonar que eren de tipus i marques diferents i que tant hi havia diapositives com rodets de color, per tant devien ser les fotografies preses per tots els components del grup. Així doncs, tenien a les mans un document de gran valor sobre un dia històric en la lluita del Tibet per la independència, potser l'únic que s'havia salvat de caure en mans xineses.

—I també tinc dues cintes de vídeo!

—Què és això? Pel·lícula... pel·lícula dels fets? —Jetsun tremolava d'emoció davant d'aquell tresor documental.

Una viva lluïssor il·luminava el seu únic ull obert i fins i tot el seu rostre abatussat semblava animar-se.

—Ara ja sé per què Lobsang em va recomanar que tingués cura de tu! —va dir al cap d'una estona.

—Qui és Lobsang? —va inquirir el Joan sorprès pel nou gir que prenia l'origen del seu encontre.

—Lobsang era un capità de l'exèrcit de la resistència tibetana... Dic *era* perquè corren rumors insistents que l'han executat —va contestar amb una tristesa indescriptible a la veu.

Va callar durant uns minuts abstret en els seus pensaments.

—Era extraordinàriament observador i es preocupava molt pels detalls. Devia tenir sota observació el grup de reporters europeu del teu pare per posar-s'hi en contacte i treure, així, el major benefici per a la nostra causa. Vés a saber si sabia que tu tenies els rodets, però, en tot cas, va ser ell qui et va empènyer intencionadament dintre el restaurant quan estaves a punt de caure en mans dels xinesos...

—No va ser fortuït, doncs, tot allò...

—És clar que no! Per què et penses que la porta del restaurant estava oberta? No ho va estar pas tota l'estona —va dir Jetsun rient de la cara de sorpresa del Joan.

Al cap d'uns segons, però, la seva expressió es va tornar a entristir.

—També va ser ell qui em va fer arribar el missatge que et tragués del restaurant i et tornés sà i estalvi a l'hotel. El van detenir mitja hora més tard. Ja sabien qui era! —Jetsun em va mirar a través de les llàgrimes que li entelaven la vista. I va afegir—: Li anaven darrera des de feia anys... però ell sempre aconseguia d'escapolir-se en l'últim moment. Per això ara diuen que s'han apressat a matar-lo...

Després de dir això, va quedar quiet, abstret, contemplant les cintes i els rodets dipositats sobre la seva falda. Estava assegut a terra amb les cames creuades i la seva posició, el silenci, el posat greu i distant van recordar al Joan l'actitud del monjo que havia conegut la nit abans.

—Oh, m'he oblidat completament del monjo! —va exclamar una mica atemorit en recordar la mala impressió que li havia produït a l'última llambregada.

—De quin monjo parles? —li va preguntar Jetsun deixondint-se.

Ell no l'havia vist perquè havia entrat a la sala per la banda oposada on havien passat la nit el monjo i el Joan, mig amagats per munts de runa.

—*Lha gyalo, lha gyalo!* —va mormolar Jetsun quan s'hi va apropar—. Que tots els éssers siguin feliços!

—Què vols dir?

—Lhamo Takla ha mort mentre meditava... —va mormolar Jetsun tocant les mans, el front i el coll de l'home, el cos del qual es mantenia rígid en la posició de la flor del lotus.

—Mort? No m'he adonat de res! —va exclamar el Joan, desconcertat.

—Els déus han triomfat, els dimonis han estat vençuts! La seva ànima ronda per l'estat intermedi.

—El coneixies, Jetsun?

—Sí. Lhamo Takla formava part de la comunitat del Potala i s'encarregava de revisar alguns dels meus exercicis. Era ell el que sempre em deia que el millor lloc per amagar-se de tota la ciutat era el Palau Blanc! El coneixia bé perquè hi havia viscut mentre el Dalai Lama encara era aquí.

—Semblava que es trobava bé. No s'ha queixat en tota la nit... Mai no m'hauria imaginat que s'estava morint!

—Això passa sovint als monjos i als lames d'edat avançada— va dir Jetsun—. Es pot dir que s'autoprovoquen la mort en el punt més alt d'èxtasi durant la meditació.

El Joan no va saber què dir. Li semblava incomprensible que algú s'autoprovoqués la mort.

—El devien ferir a la manifestació i es devia refugiar aquí per no ser fet presoner.

—Sí que estava ferit... Ahir vaig veure-li la túnica tacada de sang.

—No sentis pena per la seva mort, sinó alegria, perquè per fi s'ha alliberat de la Roda del Sofriment —va dir Jetsun amb fosques ressonàncies a la veu—. Mira! Aquest llibre és el Bardo-Thödol...

—El Bardo... què?

—El llibre tibetà dels Morts. Aquí s'instrueix la persona per saber què ha de fer quan mor... Nosaltres creiem que la consciència vaga alguns dies en l'estat intermedi buscant orientar-se per arribar a la veritable il·luminació, a l'estat de Buda i així deslliurar-se per sempre més de la Roda de la Vida.

—Que la persona morta és orientada en la mort? Com és possible això?

Les paraules de Jetsun estaven traçant un esbós del pensament tibetà que sorprenia el Joan perquè era un pensament que tenia uns trets completament diferents al que ell havia sentit i après. Sota l'influx d'aquelles paraules, va tenir l'estranya sensació que s'obria una porta dintre seu on fins llavors només hi havia hagut un mur cec.

—Per als occidentals, la mort és la negació de la vida, és el buit, el no-res, el final de tot. Per això la temeu, l'eviteu i ni tan sols en parleu.

Va fer una pausa. Després va afegir:

—En canvi, per als tibetans, la mort pot significar el començament d'una etapa infinitament millor: arribar a la budeïtat, sortir per sempre més de la Roda del Sofriment. Per tant, és un esdeveniment per al qual ens preparem a consciència durant la vida... Es pot dir que la vida és una preparació per a la mort.

Després de dir això, es va inclinar i va començar a llegir passatges del Bardo amb veu suau i pausada. Va estar així durant les hores següents, profundament concentrat en la lectura.

Després el Joan va saber que parlava amb la consciència del monjo i que li donava indicacions per orientar-se en el Bardo i aconseguir la Il·luminació.

Al cap del temps, Jetsun va tornar a la realitat. Va ser quan un nou capvespre, el tercer des del dia de la manifestació, començava a tenyir la llum de tons ocres i llapissades violeta que tentinejaven sobre les parets rònegues de la sala per esvair-se, tot seguit, en la penombra galopant de l'horabaixa.

—He portat una mica de menjar —va dir Jetsun tot de cop—. Deus estar mort de gana.

—Quasi que no puc aguantar-me dret, sort que el monjo Lhamo em va donar aigua, perquè ahir tenia la llengua tan seca com un fregall.

—Així tens aigua?

—Aquí n'hi ha una gerra, darrera aquesta runa. Encara en queda.

Jetsun va beure llargament assadollant una set acumulada durant moltes hores. Després va extreure un paquet dels plecs de la seva túnica i va dividir el seu contingut en dues porcions.

—Això és tsampa amb mantega de iac. Menja-t'ho, és molt nutritiu.

—Tsampa?

—Ordi torrat i mòlt. És la base alimentària del poble tibetà i el que menjarem, sense gaire variació, durant les pròximes setmanes fins que aconseguim sortir del Tibet.

—Què vols dir? Com sortirem del Tibet si ni tan sols podem moure'ns lliurement per Lhasa?

—T'ho explicaré quan acabi de guiar el monjo Lhamo en l'estat intermedi —va contestar amb gravetat el jove tibetà.

Va agafar de nou el llibre i va començar a recitar passatges.

«Ai de mi! Ara que estic errant a causa de la meva profunda ceguesa en el cicle de les existències, que el Baghavan Vairocana em guiï cap endavant en el camí de la llum que fa aparèixer la saviesa de l'esfera de tot objecte de coneixement! Que el seu sublim paredre Aksadhatesvari (sobirana de l'espai celest) m'empenyi per darrera. Allibereu-me del camí perillós de les pors de l'estat intermedi i conduïu-me fins a la budeïtat perfecta.»

—Els tibetans ens imaginem el pas per l'estat intermedi com una experiència perillosa per muntanyes, precipicis i gorges profundes. Però el Buda està dret a la vora de la timba amb el seu ganxo alliberador i, amb compassió, retira l'ésser de l'abisme de l'estat intermedi —va explicar Jetsun, un cop va haver traduït al Joan alguns passatges dels que recitava.

Però ell, llavors, a penes entenia res del subtil sentit de la filosofia budista, les nocions de la qual arribaven per primer cop a la seva oïda.

II

Van abandonar el Potala de nit emparats en la foscor. Primer van descendir les llargues escalinates del Palau i després es van esmunyir pels carrerons del poble de Shol que s'estenia al peu del Palau de la Teulada d'Or.

Corrien pels carrers foscos sense veure el sòl que trepitjaven. Jetsun s'esquitllava amb habilitat però el seu amic a penes el podia seguir. De cop, el Joan va ensopegar amb alguna cosa amb tanta violència que va aterrar de cap sobre la pols del terra, mentre algú s'aixecava d'un bot i es posava a cridar amb veu ronca:

—Alto! Quedes detingut!

La nit era tan fosca que no es distingia res. El noi va quedar immòbil perquè s'adonava que l'altre no el podia veure.

—Quiet! Quiet! O disparo!

Va sentir-li la veu molt a prop. Es va adonar que el descobriria. L'home palpava el terra amb la punta del seu fusell: era un policia! Si es movia, s'adonaria de la seva presència i si no, segur que ensopegaria amb ell.

—On t'has ficat, dimoni, on t'has fi...

En sec, es va desplomar damunt del Joan. Va caure com un sac, sense emetre ni un gemec.

—Joan, corre, surt d'aquí sota! —va murmurar Jetsun ben a prop seu.

Estava clar que ell l'havia estabornit.

—No em puc moure amb aquest a sobre!

D'una empenta, Jetsun el va alliberar.

—Has anat a ensopegar amb les cames d'un policia que s'havia adormit fent guàrdia. N'hi pot haver més, perquè hi ha toc de queda.

—Com t'ho has fet per estabornir-lo d'aquesta manera? —li va preguntar el Joan completament astorat.

—Li he pegat en un centre d'energia que hi ha darrera el cap. No cal pegar gaire fort, només encertar de ple el lloc precís: ja veus que els resultats són fulminants! Estudiar els centres energètics dels cos humà és matèria d'examen per ser lama.

—Per ser lama...?! Doncs tu...!

—Silenci! Hem de marxar d'aquí i arribar a un lloc segur abans que aquest torni en si. Ja parlarem després!

Van continuar avançant sense córrer, amb Jetsun al davant escodrinyant les ombres. Al cap de mitja hora ja es trobaven al barri vell de Lhasa.

Es van aturar davant d'una casa. Jetsun va fer un truc en clau. La porta es va obrir amb precaució i van entrar a una sala només il·luminada per la llenya que cremava a la cuina. Sobre el terra hi havia gent dormint formant bultos més foscos en la foscor que regnava. Després el Joan va saber que s'amagaven de la policia com ara ells mateixos i que aquella casa era un reducte de la resistència tibetana.

De seguida els van rodejar quatre o cinc homes amb qui Jetsun va intercanviar algunes paraules.Van mirar el

Joan amb una expressió tan viva que es va adonar que parlaven dels rodets. Després, van examinar el color de la seva pell, del cabell, dels ulls i de la roba. Finalment van analitzar el petit tresor fotogràfic amb l'ajuda d'una espelma que desprenia olor de mantega de iac.

—Seu —li va dir Jetsun.

Li va indicar la rotllana que formaven asseguts a terra. La conversa era viva malgrat el to de veu baix.

Alguns homes duien turbants vermells al cap i petites pedres irregulars de turquesa a les orelles. La blavor intensa d'aquelles arracades destacava sobre la pell bruna quan hi arribava la llum de les espelmes en la semipenombra del recinte. El conjunt de la seva indumentària i el contrast dels colors donava a aquells homes un aspecte sorprenentment aguerrit. El Joan no podia evitar de sentir un calfred quan els mirava.

—Els del turbant vermell són de la tribu dels khampes, els més guerrers del Tibet —li va explicar el seu amic en una pausa—. Són la base de la resistència tibetana i coneixen tots els camins possibles per fugir del país. Ells ens aconsellaran el millor.

—Però Jetsun, com podré jo viatjar pel Tibet amb la meva cara pàl·lida i el cabell castany?

—Oh, no et preocupis precisament per això! Encara que siguis un autèntic *filing* —i quan va dir aquesta paraula va contenir un somriure alhora que tots els altres miraven el Joan i reien—. El que farà difícil el viatge no serà el teu aspecte!

—Què vol dir *filing*?

—Vol dir descolorit! Indescriptiblement lleig!

—Lleig...?

—La màxima lletgesa, per a un tibetà, són els cabells, els ulls i la pell clara! No t'has fixat mai com bromeja la gent quan passa un turista? Doncs es riuen del seu aspecte descolorit!

A Jetsun li faltava poc per esclafir en rialles, si no ho feia era per les contusions que li ho impedien. Els altres reien per sota el nas i miraven el noi estranger encuriosits. Tanmateix, el jove monjo va reemprendre el fil de la conversa.

—El difícil, Joan, serà travessar colls altíssims coberts de neu, dormir al ras en qualsevol condició, caminar dies i dies amb poc menjar i sempre estar a l'aguait de la policia...

—A mi em descobriran de seguida perquè sóc un *filing*.

—Et disfressarem! —va contestar divertit—. Et disfressarem de tibetà! No et donis per vençut tan de pressa!

—En què consisteix, això?

—Saps per què tenen la pell tan fosca els khampes? No és que siguin tan negres, sinó que s'unten amb el sutge de les paelles i les cassoles que posen al foc. Els sembla que la foscor de la pell és signe d'homenia. Doncs tu i jo també ens haurem d'untar!

Mentre deia aquestes paraules li ensenyava els estris de cuina que estaven completament negres del contacte directe amb les flames.

—Ens amagarem en aquesta casa una setmana, així tindrem temps de pensar bé la teva disfressa i esperarem que els ànims es calmin una mica al carrer.

—N'hi haurà prou amb una setmana perquè es calmin els ànims?

—Del tot no es calmaran mai, però una mica sí. Els propers dies buscaran qui ha estabornit el policia a Shol: detindran i interrogaran la gent pel carrer i això ho hem d'evitar, perquè tu no parles tibetà i de seguida t'enganxarien si et fessin parlar...

—Hauré de practicar una mica perquè, si hem de travessar el país, pot ser que, tard o d'hora, hagi de parlar.

—I tant!

Les hores dels dies següents les van dedicar a tenyir el cabell i a tintar la pell del Joan, i a fer-li practicar les frases més usuals en tibetà.

—Si s'estranyen del teu accent i et pregunten d'on ets, digues que véns del Kho-Kharpo —li va aconsellar Jetsun—. És una zona muntanyosa del nord molt aïllada de la resta del Tibet.

Un dia que es trobaven tots dos sols a la cuina, el Joan va voler aprofitar-ho per interrogar Jetsun sobre la seva enigmàtica identitat.

—Què vas voler dir amb allò dels exàmens de lama?

Jetsun el va fitar com si es trobés molt lluny, es va inclinar amb les mans juntes sobre la boca i el va saludar tot dient:

—Em dic Jetsun Thondup i sóc la reencarnació del prestigiós lama Lobsang Samten, abat del monestir Sepo Khang.

—Ets un lama, doncs...?!

—Encara no he passat els meus exàmens i em falten uns quants anys per fer-ho. Vaig néixer al desert d'herba, al nord del Tibet, en un poble de pastors i camperols. Jo era el segon germà i em va tocar ser el pastor dels iacs i els dzomos de la família.

El Joan se'l mirava bocabadat: havia llegit tantes històries fantàstiques sobre els lames i els misteris del Tibet abans de sortir de viatge que no es podia creure que en tingués un de carn i ossos al davant.

—Però jo tenia records incomprensibles de coses que no m'havien passat. Somniava coses estranyes i, a cops, tenia pressentiments que es complien —va afegir l'adolescent tibetà amb veu suau.

—Oh!

—Un dia va arribar al poble una delegació del Dalai Lama. Buscaven la reencarnació d'un home sant, d'un lama molt savi mort en una tortura atroç infligida pels xinesos.

—I eres tu..?! —va quasi cridar el Joan fent uns ulls com unes taronges.

—Vaig passar totes les proves. El govern xinès no em va deixar sortir del país per anar-me a formar a l'Índia, a la vora del Dalai Lama. Llavors, em van portar a Lhasa. Fins ara, he viscut al Potala amb els pocs monjos que tenen cura del Palau i he estat educat pels lames abats dels monestirs de Sera i Drepung.

—Ah, sí! Conec els monestirs, els vaig visitar amb el pare i els altres periodistes —va dir el Joan—. Estan a la vora mateix de Lhasa.

—Ells em preparaven per als meus exàmens. Però després dels disturbis, un ha desaparegut i l'altre ha estat detingut... Res no tornarà a ser com abans.

—Has de fer exàmens per ser lama...?

—I tant! S'han de passar unes proves molt difícils perquè t'examinen tota una sèrie d'homes savis i erudits, lames de reconegut prestigi, un per un, per comprovar que no hi ha cap escletxa en la formació rebuda. Duren molts dies i les proves són diverses. Et puc assegurar que es ben difícil passar amb honor aquests exàmens.

—Jetsun Thondup, jo em dic Joan Capdevila i sóc estudiant de batxillerat al meu país.

—Per què has vingut al Tibet? No acostumem a tenir visitants tan joves.

—Acompanyo el pare. Ell ha vingut per feina i jo faig turisme.

—Turisme...?

—Sí... Això vol dir descans. Saps, he passat un mal any perquè els meus pares es van divorciar l'estiu passat. Fins i tot he acabat prenent pastilles, ho entens? Però, ara, al Tibet, no em calen. Ja no hi penso tant...

—Ah...

En realitat, Jetsun no podia entendre els detalls del drama del Joan, però per la seva fina intuïció comprenia que el seu amic tenia el cor destrossat.

—Normalment visc amb la mare, però el pare em va prometre que el podria acompanyar en aquest viatge... malgrat que l'escola ja ha començat al meu país...

—I això?

—Com que és periodista, viatja molt i no el veig gaire. Moltes vegades va a llocs conflictius, a països en guerra i no el puc acompanyar. En canvi, això d'aquí semblava segur...

—No hi havia hagut cap revolta important en els últims trenta anys. Era prou segur fins fa dos dies... —va dir Jetsun tot quedant capficat en els seus pensaments.

* * *

Al cap de la setmana, l'aspecte del Joan s'havia transformat per adquirir el d'un autèntic adolescent tibetà. A més d'haver canviat el color de la pell i del cabell, duia una gorra al cap, una xupa deslluïda, uns pantalons de llana natural lligats amb un tros de corda a la cintura i unes botes de sola tova, de fabricació casolana, curtides pel fang i la pols de molts camins.

—Aquestes botes han travessat molts colls —li va dir un khampa.

Els ulls li brillaven de nostàlgia tot mirant-se-les perquè havien estat seves. Encara va dir:

—La sola és nova perquè puguis recórrer el llarg trajecte que hi ha fins a la frontera amb el Nepal. Que els déus us protegeixin!

Va ajuntar les mans davant de la boca i els va saludar a l'estil tibetà.

L'aspecte de Jetsun també havia canviat radicalment per convertir-se en un noiet khampa amb turbant vermell al cap i pell fosca com la dels que viuen a la intempèrie. Les seves contusions havien millorat ràpidament: ja podia obrir l'ull ferit i la inflor del rostre havia desaparegut quasi per complet.

—Entre tots els camins possibles de fugida, Joan, sembla que el més segur és el més llarg —va dir-li Jetsun després d'haver-ne parlat amb els khampes—, perquè serà el menys vigilat.

—Per on passarem?

—Creuarem bona part del Tibet central fins al monestir de Sakya. D'allà, a través de les muntanyes arribarem a Xegar, prop del Nepal. Segons com estiguin les coses, decidirem allà mateix quin pas seguim per creuar la frontera.

—No seria millor dirigir-nos cap a l'Índia o el Bhutan? —va preguntar el Joan, perquè sabia que aquells dos països es trobaven més a prop de Lhasa.

—Aquests trams de frontera estan vigilats pam a pam perquè és per on esperen que fugim tots els que hem quedat fitxats. Són els itineraris més lògics des de Lhasa, però el principal problema és que estan vigilats des de l'aire. Allà les muntanyes no són gaire altes i no ens podríem amagar enlloc en la terra erma que no té ni un bosc ni un arbre... —va romandre pensatiu uns instants i va afegir—: De fet, l'altitud de les muntanyes de Xegar ens protegirà de l'observació aèria, perquè les seves valls angostes no es poden sobrevolar amb facilitat.

—Cal pujar els graons un per un si vols assolir el cim —va dir amb certa solemnitat un home escardalenc de pell bruna i cabell llarg lligat en una trena que li arribava quasi a la cintura—. Això diu una vella dita tibetana.

Havia parlat en un anglès entendible malgrat el fort accent.

—Tots estem d'acord que el més important és la seguretat i que val més arribar tard, però arribar en algun lloc segur amb els rodets, que no pas perdre-ho tot pel camí més curt —va afegir pronunciant amb claredat les paraules.

El seu rostre bru de trets extraordinàriament regulars havia quedat il·luminat per primer cop pel cercle oscil·lant de l'espelma. La lluïssor indescriptible de la seva mirada d'atzabetja i la impressió d'intel·ligència, valentia i serenitat van impactar fortament el Joan mentre se sentia esguardat directament al fons dels ulls. Semblava que el tibetà li volgués llegir el pensament per calibrar la dosi de gosadia que posseïa, la que l'hauria d'ajudar a afrontar unes dificultats que, en aquell moment, el noi no es podia ni imaginar.

Més tard, el Joan va saber que es tractava del cap de l'escamot i que ell i els seus homes es dedicarien en cos i ànima a vetllar per la seva seguretat en el viatge que estaven a punt d'emprendre.

III

Wu Jiang vigilava un dels carrers més cèntrics de Lhasa des d'una cantonada. La seva missió consistia a detenir qualsevol sospitós de ser activista contra el règim comunista de Pequín. Tenia llicència per interrogar qui fos allà mateix, per clavar una pallissa si no li volien contestar o deien coses sense sentit i, finalment, si ho creia necessari, prendre el sospitós o sospitosos a comissaria, on s'usaven mitjans més dràstics per fer parlar els sorruts tibetans.

Feia calor i la metralladora li pesava sobre l'espatlla que li havien ferit a la manifestació. Sentia una fiblada intensa que li creuava l'esquena i tenia ganes de canviar de posició. Va buscar amb la mirada una víctima propícia sobre qui descarregar el seu odi, donar-li uns quants cops i desentumir-se els membres. Estava segur que després se sentiria millor.

Un adolescent khampa caminava en la seva direcció, tot sol. Però el policia va decidir deixar-lo marxar perquè sabia que els khampes tenien cops amagats. Podia ser que, de cop, sortís tota una tribu per defensar el noi apallissat.

Però just darrera seu hi havia un jove de mirada estranya. Feia ganyes contínuament obrint i tancant els ulls. Podia ser que la llum intensa i blanca del sol li fes mal a la vista o que fos un senyal convingut. Encara que la segona possibilitat fos poc probable, Wu Jiang va decidir creure-se-la, perquè aquell era el tipus de víctima que buscava.

El policia se li va dirigir cridant en xinès, però el noi va semblar no entendre'l i se'l va mirar sense saber què fer. Llavors Wu Jiang se li va apropar amb violència, li va clavar un parell de puntades de peu, el va agafar per una orella i la hi va estirar tan fort que el va fer cridar de dolor.

—Ahhhh!

Continuava parlant en xinès. El policia s'irritava perquè el noi no li contestava i, d'una estrebada, ple de furor, el va aixecar en l' aire subjectant-lo només per l'orella.

—Auuu! *Mindoo, mindoo!* (No, no!) —va cridar el noi amb un accent que va sonar estrany.

El policia li feia tan de mal que li semblava que li estava arrencant l'apèndix de l'oïda.

—Deixi'l, deixi'l! No l'entén perquè és del Kho-Kharpo! —va cridar l'adolescent khampa en xinès, intervenint per aturar el policia.

Wu Jiang es va adonar que els dos adolescents anaven junts i no li va agradar veure's involucrat en una pallissa a un amic d'un khampa. Però se sentia furiós i després de sacsejar la seva víctima unes quantes vegades més, el va tornar a deixar a terra sense amollar-li encara l'orella. Al noi li rajava sang coll avall i les cames li feien figa.

—No entén el xinès —va repetir el khampa—. Té un mal a la vista i ha vingut a curar-se.

L'home va fitar el marrec, frec a frec, examinant-li els ulls i el rostre. El noi va contenir la respiració. El policia es malfiava. S'adonava que alguna cosa no quadrava en l'associació dels dos adolescents, però la seva intuïció li deia que no es fiqués, tot sol, contra un jove khampa i el seu amic. A la fi va deixar anar l'orella del noi.

—Oh!

—*Lha gyalo!* (Que els déus ens protegeixin!)

Amb la pressió del pessic, els dits del policia havien quedat negres del tint i l'orella de la seva víctima s'havia destenyit. A més, la sang que li rajava cap al coll estava coberta de reguerons negres i motes de sutge. L'home es va mirar la mà desconcertat i el va apuntar amb el fusell.

Havia aparegut un altre policia que ja s'acostava. No hi havia escapatòria. Al carrer, ningú no s'havia aturat per fer-los costat. Estava clar que els detindrien.

El noi apallissat sentia una aguda coentor a l'orella, unes nàusees que li oprimien l'estómac i un desempar tan gran al cor que va pensar que tot era igual i que mai no aconseguiria sortir de Lhasa.

En el moment que el carrer i els policies se li tornaven estranyament blancs i que la brillantor de la llum l'encegava, va veure vagament que un petit escamot de khampes a cavall irrompia al carrer cridant, disparant les seves armes i provocant un esvalot que va omplir de sorolls i punts lluminosos la densa foscor que es va abatre sobre la seva consciència.

IV

Es va despertar sobre una mula amb el cap embenat i adolorit per unes punxades tan agudes a la base del crani que li enterbolien els pensaments.

L'animal que el transportava formava part d'una caravana de terrissaires. Se sentia molt feble i no sabia quant de temps havia estat inconscient. Però tenia la sensació que els últims successos havien quedat molt lluny en el passat i li semblava que ell mateix era un altre, com si fos molt més gran.

Va mirar al seu voltant. Hi havia set mules més, totes petites, típiques de l'altiplà, adornades amb cintes vermelles i carregades amb grans embalums d'on sobresortien nanses de gerres i cantells de plats entre altres formes difícils d'identificar. Avançaven en fila índia per una pista de terra sense asfaltar i aixecaven un núvol de pols tan espès que fins i tot la blavor nítida del cel quedava esmorteïda.

—Jetsun, amic! —va cridar.

—Joan, home, per fi recuperes el coneixement!

Va sentir la veu de Jetsun a prop seu, càlida i suau, com si hagués esperat molt de temps que es despertés.

—Què m'ha passat?

—Vas perdre el coneixement. Has estat inconscient moltes hores. Ara et deus sentir dèbil, però no és res, et recuperaràs aviat. Com tens el cap?

—Com si m'hagués d'esclatar... On som?

—Estem arribant al Khamba La. Hem deixat Lhasa fa hores, quan encara era de nit, amb l'ajuda dels khampes que ens van donar un cop de mà amb el policia que et volia arrencar l'orella... Te'n recordes?

Es va tocar l'orella maltractada. També la duia embenada però no li coïa ni li molestava. Semblava que no en tingués.

—I tant que me'n recordo. Com en vam sortir?

—Quan vas caure a terra, Dawasandup et va plegar, et va col·locar sobre la seva muntura i va fugir com un esperitat creuant el foc dels policies. Però ni una bala us va tocar.

—Dawasandup...?

—El cap dels khampes, el que et va recitar aquella vella dita tibetana en anglès.

—Ah, sí.

—Viatjarem amb aquesta caravana de terrissaires uns quants dies, fins després de Giantzé.

—No hi ha perill que em tornin a descobrir?

—No tant com a Lhasa, però sempre n'hi haurà, de perill, fins que sortim del país. Tenim la sort que els khampes vetllen per nosaltres i apareixen en el moment oportú.

Quan van arribar al *latza* que assenyalava el punt més alt del coll, la caravana va donar unes quantes voltes al monticle coronat per les banderoles de colors vius que onejaven al vent. Trencaven netament la monotonia dels ocres del paisatge i s'hi podien llegir els *mantras* escrits infinitats de vegades pels pelegrins i els viatgers.

Els terrissaires, i els dos nois van repetir les sis síl·labes sagrades *Aum manni padme hum* (Oh, joia sobre el lotus) i van cridar *Lha gyalo* (Els déus han vençut!) tot afegint cada un una pedra al *latza.*

—És un costum ancestral per donar gràcies als déus d'haver vençut algun accident geogràfic —li va explicar Jetsun mentre col·locava la seva pedra i la del Joan en el muntijol.

Van seguir el camí durant hores fins que van veure un llogarret minúscul que llepava les aigües color turquesa d'un llac.

—Dormirem allà —va dir Jetsun assenyalant el poblet.

Caminava al costat del Joan per no deixar-lo sol des que havia recuperat el coneixement.

—Aquest llac és el Yamdrok Tso. És enorme, com un mar interior, encara que l'aigua és dolça. Té forma d'escorpí. De fet, els tibetans creiem que és un veritable escorpí que fou encantat per les divinitats protectores just abans que ataqués la ciutat sagrada de Lhasa.

Es van allotjar en una casa de forma rectangular lleugerament excavada en el terra àrid. Tenia el sostre pla tot cobert de gra assecant-se al sol i estava rodejada d'una tanca construïda amb pedres i coronada per alguna cosa que el Joan no podia identificar.

—Què hi ha sobre la tanca? —va preguntar a Jetsun.

—Són bonyigues de iac que estan assecant-se! Es fan servir per encendre el foc, perquè al Tibet no hi ha gaire llenya.

Aquella nit van sopar tsampa amb mantega rància de iac a la vora d'un foc que omplia la sala de fum. Al Joan se li van tornar a irritar els ulls i no li van deixar de coure en tota la nit. A l'endemà no els podia obrir a causa de les lleganyes que s'hi havien format i Jetsun li va haver de proporcionar aigua calenta per estovar-les.

—La mestressa hi ha fet bullir unes herbes desinfectants que t'aniran molt bé.

—*Tug xé xé jetsumena* (Gràcies, senyora) —va dir el Joan a la dona que no parava de trafequejar però que els llançava dolces mirades de complicitat.

A partir d'aquell dia es va començar a aixecar i el temps va deixar d'existir en la lenta successió de les llargues jornades que passaven caminant i recorrent els llogarrets que es trobaven. Allà els terrissaires hi feien la seva parada i venien el que podien. Els dos joves els ajudaven a desembalar i a tornar a embolicar les peces com si ho haguessin fet tota la vida, immersos en una distribució nova del temps en què no existia la pressa.

A poc a poc s'apropaven a Giantzé i el Joan s'anava recuperant. El cap ja no li feia mal i no se li havia infectat cap ferida. Fins i tot els ulls li molestaven poc, encara que sempre els tenia una mica vermells.

Es passava el dia caminant a la vora de les mules, estirant-ne els arreus o fustigant-ne alguna si es travessava al camí i es negava a continuar. Així s'habituava a l'altitud del Tibet i s'enfortia per afrontar la travessia que havien de realitzar per les muntanyes més altes de l'Himalaia.

Un dia, quan ja plegaven la parada, un khampa va voler comprar la gerra que Jetsun estava guardant.

—Joan, mira! —va dir-li el jove monjo.

El khampa ja havia marxat trotant sobre el seu cavall amb la gerra a la sella, però entre els bitllets amb què havia pagat hi havia una nota. Era un tros de paper arrugat i brut que semblava haver passat per moltes mans i per moltes butxaques.

—Està signada per Dawasandup —va dir Jetsun mentre llegia els signes de l'alfabet tibetà—. Parla del teu pare!

—Què diu?! —va exclamar el Joan amb la veu ofegada per la sorpresa.

El cor li havia fet un bot i sentia els seus batecs que li oprimien la respiració. Notícies del pare!

—El teu pare i els altres periodistes estan empresonats a Pequín. Els han condemnat a una pena de vint anys de presó per participar activament en els disturbis de l'1 d'octubre! Estan incomunicats del món exterior, i ni tan sols els ambaixadors dels països respectius en tenen notícies. A tu et donen per desaparegut.

—Per desaparegut! La mare es pensarà que m'he mort! Mai no li perdonarà al pare haver-me pres en aquest viatge!

—Joan, mira això: són unes línies escrites en una llengua que no conec... Estan mig esborrades.

—És lletra del pare... És català! Déu meu, és una nota del pare!

Les llàgrimes li van omplir els ulls i durant uns minuts va ser incapaç de llegir les sis o set línies traçades amb una lletra petita i angosta, com si s'haguessin escrit en males condicions i molt de pressa.

«La nostra llibertat depèn que els rodets arribin a la premsa internacional i de la intervenció de les Nacions Unides. Cal que es coneguin els fets ocorreguts a Lhasa. Fill, sé que tu aconseguiràs arribar amb els rodets a un lloc segur. Ets la nostra única esperança. T'estimo, fill, t'estimo i penso en tu contínuament... Sé que estàs bé... Confio en tu, tots depenem de tu, fill.»

—Hem de salvar-los, hem d'aconseguir-ho, Jetsun —va dir el Joan tremolant d'emoció—. Cal sortir del país i publicar tot això!

—És clar que ho aconseguirem. La casualitat no existeix, tots els efectes tenen les seves causes i tendeixen a un objectiu. Des del primer moment que ens vam conèixer, ja estàvem destinats a això.

—No existeix la casualitat?

—Pots estar segur que no. La cadena de causes i efectes és infinita i no hi ha res que succeeixi per casualitat. Conèixer-te forma part del meu kharma, que determinarà la meva pròxima encarnació, segons el profit que en sàpiga treure en aquesta vida.

—Què, tu també creus en la reencarnació?

—La consciència no mor mai, Joan, sinó que flueix, continua fluint i fluirà en l'eternitat, només canvia de cos a cada vida. I ni tan sols aquest canvi es realitza a l'atzar.

—Doncs com es realitza?

—Segons el kharma.

—Què diantre és això?

—Amb el temps ja ho entendràs.

Durant les llargues caminades, el Joan pensava en les paraules de Jetsun i intentava entendre-les: «Si la consciència no mor mai , vol dir que jo sóc algú que ja va ser i que tornaré a ser després de mort... Però, com és que no recordo res d'altres vides? Quin sentit té néixer i morir contínuament? Qui ha establert aquest ordre? En realitat, sembla un joc estúpid inventat per algú amb ganes de divertir-se!»

Així va perdre el compte dels dies de marxa. Potser va ser un mes o dos o més, que van viure com a mercaders de terrissa fent parades i movent-se amb lentitud.

Des que havia rebut aquella nota se sentia més segur i més fort. Ja no dubtava del seu objectiu i sabia que trobaria en si mateix les energies suficients per realitzar la tasca que se li havia encomanat. Als vespres, quan sopaven vora el foc, pensava en la mare, en el seu poble, en els seus amics. Eren uns pensaments dolços que no li feien mal, com al principi, sinó que el reafirmaven en el seu objectiu.

Però qui més li ocupava la ment era el seu pare. Intentava imaginar-se'l a la presó, com menjava, com dormia, què feia, com el tractaven... Sobretot, com confiava en ell i esperava, cada dia, rebre la notícia que l'alliberaria. I el Joan estava cada cop més segur que triomfaria en el seu propòsit.

Va tenir temps de millorar molt el seu tibetà i va arribar un dia, quan ja eren a prop de Giantzé, que els dos amics van decidir parlar sempre en aquesta llengua entre ells per evitar ser escoltats i aixecar sospites.

Després de tants dies, la família de terrissaires els tractava com si fossin els seus fills. Eren tres germans i les dones dels dos més grans, perquè el petit encara era solter.

Un dels matrimonis tenia una nena de cinc anys i un nen de bolquers que tot el dia duien embolicat en una faixa de colors vius penjat a l'esquena. Moltes vegades, la nena carregava amb el bebè i es doblegava cap endavant per equilibrar el pes de l'esquena.

—Quedarà deformada —li deia el Joan a Jetsun.

—No podràs canviar els costums d'aquesta gent. Sempre ho han fet així. Si la nena no es mor, serà forta com un roure. I això fa falta per viure en aquest país.

A la fi van arribar a la vista de Giantzé després de travessar una vall llarga i fèrtil. Es van acomiadar dels seus amics terrissaires sense entrar a la ciutat per evitar les patrulles de policies que controlaven les poblacions més importants.

—*Kale peb!* (Aneu en pau!) —els van dir els terrissaires.

El germà gran els va col·locar un *kata* al voltant del coll de cada un per desitjar-los sort en el camí.

—*Kale ju!* (Quedeu en pau) —van contestar Jetsun i el Joan.

Els terrissaires es van quedar llarga estona mirant com els dos nois s'allunyaven pel camí. Ells es giraven de tant en tant per dir-los adéu. La família continuaria amb la seva discreta tasca de transportar perseguits per la justícia a través del Tibet tot venent peces de terrissa, seguint la tradició ancestral dels seus avantpassats.

—Així fan mèrits —va dir Jetsun mirant les seves siluetes retallades en la llunyania.

—Mèrits per a què?

—Per deslliurar-se de la Roda de la Vida.

—Què vol dir la Roda de la Vida?

—L'encadenament de naixements i morts, que és la Roda del Sofriment, l'esclavitud de l'ànima.

El Joan no va saber què contestar perquè no entenia el que li deia, però es va adonar que el rostre del seu amic monjo, estudiant de lama, resplendia amb la llum d'una fonda serenitat en pronunciar aquelles paraules.

Va sentir que la mirada de Jetsun penetrava molt endintre seu i que li transmetia alguna cosa que no podia definir, però que quedava dipositada en la seva ànima.

—A partir d'ara estarem sols i viatjarem com a pelegrins —va dir Jetsun—. Em tornaré a posar la túnica de monjo perquè sigui més creïble. Direm que tu ets el meu cosí i que portes les cendres del teu pare al monestir sagrat de Sakya.

Al Joan, un calfred li va recórrer l'espinada enmig d'aquella immensa solitud de vessants cobertes de matolls i pedres, amb l'horitzó tapat per uns persistents núvols grisos i el galopant aire fred de la tarda que li entumia els membres.

—Ara comença el veritable viatge... —va dir en veu alta tot mirant el paisatge desolat del seu voltant.

Quan la ciutat ja quedava molt enrera, van agafar el trencall que conduïa al monestir de Sakya.

El camí estava vorejat de *mendong*, un petit marge de pedres amb inscripcions tallades i imatges de Buda. Jetsun s'hi va col·locar enfront i va ajuntar les mans.

—Les divinitats del *mendong* ens protegiran en el camí. Repeteix amb mi el *mantra Aum manni padme hum* (Oh, joia sobre el lotus!) —va dir-li Jetsun.

Van repetir el *mantra* desenes de vegades immòbils a la vora del camí il·luminats pels rajos oblics del sol ponent.

—Per què s'ha de repetir tantes vegades?! Per què a tot arreu hi ha escrit el mateix? —va preguntar el Joan, avorrit d'aquella lletania.

—Repetir-lo, escriure'l en les banderetes dels *latza,* tallar-lo en pedra o fer girar les inscripcions en els molinets d'oració fa adquirir mèrits.

—Oh, els famosos mèrits!

Sentia el cos tens i el rostre contret per l'esgotament. La llum grisa del capvespre enfosquia el cel i no havien trobat cap casa per passar la nit.

Com si pogués llegir els seus pensaments, Jetsun li va dir:

—Dormirem aquí mateix.

Va assenyalar un punt indefinit en què el Joan no hi distingia res. Però es tractava d'un rústic refugi de pelegrins construït amb pedres superposades que s'aixecaven a penes un metre del terra. Quedava tan camuflat en el paisatge que a dos metres de distància era invisible per a uns ulls inexperts.

Allà Jetsun es va canviar de roba, van menjar tsampa amb mantega i van caure en un son profund.

V

L'endemà, després de caminar cinc o sis hores sota un sol de foc, van veure els alts murs color granat del monestir.

—És Sakya —va dir Jetsun—. Abans d'arribar-hi, t'haig d'explicar dues coses.

—Què?

—Sakya és un lloc perillós. Hi ha algú que està confabulat amb els xinesos, però mai no l'han pogut descobrir. Se sospita del lama abat... Però no hi ha res més que això, sospites, cap prova.

—Quines sospites?

—Fixa't que curiós, aquest és l'únic monestir que no va ser destruït durant la revolució cultural!

—És estrany...

—Sí, sembla com si algun tibetà l'hagués volgut protegir. Es va pensar que havia estat el lama abat d'aquell temps que havia fet algun tracte amb els xinesos, per exemple, salvar el monestir a canvi de delacions. Se'l va vigilar estretament durant anys fins que...

—Què...?

—Fins que va morir... a la presó! Se'l van endur per interrogar-lo i després van dir que s'havia suïcidat.

—Suïcidat! No m'ho crec pas d'un budista tibetà —va exclamar el Joan.

—Exacte! Això és increïble per a nosaltres. No té cap sentit.

—Què va passar, doncs?

—No se sap ni se sabrà mai. Però continua haventhi sospites al voltant del nou lama abat... Res concret, però inspira recels en altres lames. Com a mi mateix.

—A tu?!

—Sí. Ja et vaig dir que jo destacava de petit per tenir pressentiments que es complien. Doncs en continuo tenint. A més, el meu oracle...

—Però, tu creus en els oracles? Au, va, home, que això és mentida!

—No és mentida, Joan, només cal saber-los interpretar bé. Doncs el meu oracle és estrany i ningú no és capaç de trobar-li el significat.

—Què vols dir amb això?

—Vull dir que en aquesta vida estic destinat a alguna cosa especial, especial, difícil i important per al meu país. I pot ser que sigui també dolorosa... M'entens?

—No pas gaire!

—Són coses que no es poden explicar amb paraules. Deixem que les circumstàncies es desenvolupin per si soles... Però estigues preparat. Ara arribem a Sakya. Vés a saber si sóc jo el destinat a descobrir el misteri que envolta el monestir. Si fos així i jo... caigués... tu hauries de continuar sol el teu camí. No intentis ajudar-me ni quedar-te amb mi. Tu tens el teu propi destí.

—M'espantes Jetsun.

—La por és una passió inútil, una il·lusió de la Roda de la Vida, no deixis que et domini.

Ja eren a prop de l'enorme porta d'accés al monestir. Llavors van sentir uns lladrucs convulsius que els van cridar l'atenció. Es van girar i, quasi al mateix temps, van donar un salt enrera, horroritzats: veien venir cap a ells un gos famèlic amb els ulls desorbitats i el morro blanc d'escuma.

—Compte, Joan, deu ser rabiós! —va cridar Jetsun.

El jove monjo es va apartar per dividir el front. L'animal va frenar la carrera, va dubtar unes dècimes de segon i va fer un bot cap al Joan, que corria sense perdre'l de vista.

El noi va brandar el seu sac de provisions i li va donar un cop al morro amb totes les forces de què va ser capaç. El gos es va aturar però en comptes d'abandonar la presa, se li va encarar de nou amb fúria fitant-lo amb els ulls injectats de sang i un rictus estrany al musell.

El Joan va intentar brandar de nou el seu sac, però les urpes de l'animal hi havien fet un estrip per on havien caigut els objectes de l'interior i es va adonar que ja no li serviria per aturar l'atac. Aterrit, es va veure perdut.

L'animal ja havia agafat embranzida i saltava en l'aire quan, en sec, un raig d'aigua bullent va caure sobre el gos. Alguns esquitxos van cremar el Joan i el van fer cridar de dolor.

El ca es va replegar sobre si mateix amb un bram i va fugir rabent, al mateix temps que començava a emetre un llarg glapit de dolor.

—*Lha gyalo!* —va exclamar Jetsun.

—Qui ha tirat l'aigua? —va preguntar el Joan confús refregant-se la pell cremada.

Escampat per terra, davant seu, hi havia la capsa dels rodets, la de les cintes de vídeo, una bossa de tsampa i el llibre del Bardo.

—*Nga!* (Jo!) —va contestar una veu clara i decidida a pocs metres d'ell.

Es tractava d'una noieta tibetana pentinada amb dues llargues trenes adornades amb cintes vermelles. Era alta i prima, de rostre ovalat i grans ulls ametllats, negres i brillants com l'ònix.

—*Keirang?* (Tu?) *Tug xé xé!* (Gràcies!) —va dir.

Se sentia impressionat i no sabia com expressar-se.

—Era l'aigua del te —va contestar ella—. Ha estat una sort per a tu que bullís en aquest moment. No es pot viatjar sense anar armat, almenys , d'un bastó.

—Entreu, de pressa! —els va cridar un monjo des de la porta del monestir.

—Tenen por dels gossos. És el segon cas de ràbia que es declara aquesta setmana— va explicar la noia.

Van entrar tots junts al pati del monestir i van fer girar els molinets d'oració que hi havia, tot recitant el mantra *Aum manni padme hum,* tal com fan tots els pelegrins que arriben al gran monestir de Sakya.

Quan van haver acabat, Jetsun li va preguntar a la noia:

—Com et dius?

—Tsering Dolma —va dir saludant a l'estil tibetà. I va afegir—. Sóc de la vall de Kharta i he vingut a pelegrinar a Sakya amb els meus germans grans i les seves dones. Volíem escampar la cendra dels pares en el circuit sagrat del monestir.

—Jo em dic Jetsun Thondup i aquest és el meu cosí. També estem pelegrinant i portem les cendres de l'oncle, segons la seva última voluntat.

El Joan es va adonar que Jetsun desconfiava de la noia i que evitava de dir-li coses massa concretes sobre la ruta que seguien i els seus noms. Però ella va insistir:

—Anireu a Rongbuk després de Sakya?

Els va mirar amb expressió indagadora. Els nois van quedar desconcertats per uns instants i ella va afegir sense embuts:

—Si hi aneu, vindré amb vosaltres!

—I els teus germans, doncs? —va preguntar Jetsun sense saber ben bé com sortir-se'n.

—Van marxar fa dies! —va contestar ella amb veu contrariada.

Tot seguit va donar mitja volta i va entrar al temple.

Un lama venerable d'avançada edat va aparèixer al porxo d'una capella en un extrem del pati. Una certa expressió de dolor cridava l'atenció en el rostre curtit, de faccions acusades i pell apergaminada, travessada pels solcs profunds de les arrugues.

—No és el lama abat. Coneix la nostra missió. És de total confiança —li va dir Jetsun al Joan en un murmuri.

El lama vestia la túnica color safrà del seu rang amb un muscle a l'aire malgrat el fred i deixava vagar la mirada al lluny com si esguardés quelcom més enllà dels límits físics del recinte.

—No ens pot veure perquè és cec, però sap que som aquí —li va dir Jetsun mentre es postrava davant de l'ancià—. És un home molt savi.

Era el primer lama que el Joan veia de prop i la seva fonda serenitat, semblant a la que un dia havia percebut en Jetsun, el va impactar. Semblava inabastable amb mig cos il·luminat pel sol i l'altre mig a l'ombra, com si flotés.

—Passeu a prendre el te —va dir l'ancià amb veu pausada.

Es van submergir en la foscor del recinte. El lama els va convidar a seure sobre coixins tapissats de vermell arran de terra.

—He tingut una visió inquietant —va anunciar tot seguit.

Malgrat la penombra, el Joan va poder veure com Jetsun s'estremia de cap a peus i mirava el lama amb les pupil·les dilatades per l'esglai.

—Quina és la visió *lama kieno*? —va preguntar el jove monjo amb una lleu tremolor a la veu.

Les paraules de l'home savi van trencar el silenci dens i va semblar que quedaven flotant en l'atmosfera quieta de la cambra.

—En un dia resplendent, un núvol blanc i rodó cau del cel sobre un grup de pelegrins. Té un efecte devastador. Les capsetes màgiques que guarden imatges del passat surten disparades en totes les direccions brillant sota el sol com les espurnes d'un joc d'artifici...

Va callar uns segons. Els dos nois van romandre en silenci. Només se sentia la respiració fatigada de l'ancià. Després, va prosseguir:

—Una capseta queda suspesa a l'aire i llueix intensament amb la titil·lació d'un estel...

—Per què, *lama kieno*, per què una capseta queda suspesa a l'aire? —va preguntar Jetsun amb la veu continguda.

—No ho sé. No ho puc esbrinar.

Les paraules del lama sonaven feixugues.

—Veieu qui són els pelegrins, *lama kieno?* —va inquirir de nou Jetsun.

El Joan es va adonar que el seu amic estava totalment concentrat per intentar d'entendre el significat de la visió.

—No els veig les cares... Són pocs, potser dos o tres... És l'únic que veig.

—I el núvol, és una bomba, un avió, una tempesta...? —va insistir Jetsun, capficat.

—No ho sé. Només veig un núvol blanc suspès en el cel que, tot de cop, cau sobre els pelegrins —va respondre el lama.

—Què ens aconselleu, *lama kieno*? —va preguntar el jove monjo després d'un silenci.

—Us aconsello que sortiu de seguida cap a Rongbuk pel camí de les muntanyes; que entre els dokpes us feu passar per pelegrins, però els pelegrins, eviteu-los.

Hi va haver un altre silenci dens, impregnat d'olor d'encens i d'espelma de mantega de iac. Després el lama va tornar a parlar.

—Escolliu els camins menys freqüentats. Intenteu creuar els colls més solitaris encara que siguin més llargs o difícils i defugiu les caravanes i els grups de gent. Sigueu prudents!

Va voler tocar les capsetes màgiques amb els seus llargs dits escardalencs i va preguntar al Joan:

—Per què exposes la teva vida per aquestes capsetes, jove *inji*?

El noi va quedar desconcertat per aquella pregunta tan concreta; Què podia contestar? Que ho feia pel pare...? Però no era només pel pare, també era pels drets humans, per la justícia, per la pau... Era per tantes coses que no sabia expressar tot de cop en tibetà que se li va acudir de dir:

—Per fer mèrits, lama.

—El teu kharma en sortirà beneficiat, jove *inji.* Algun dia quedaràs deslliurat de la Roda de la Vida, que és pura il·lusió i una esclavitud per a l'ànima. I ara, escolta'm bé: Els oracles són favorables a la missió que has emprès, però no serà fàcil. L'inesperat et sortirà a l'encontre i només el teu coratge et salvarà... El teu coratge i la intercessió d'algun bon amic. Però, arribarà el dia que et trobaràs sol i només podràs comptar amb tu mateix.

Va callar de nou i després va somriure amb afabilitat tot dient:

—Ja veig que el jove *trappa* (estudiant) Jetsun Thondup també fa mèrits instruint-te en el budisme.

Va separar els rodets en dos munts i va afegir:

—Guardeu les capsetes per separat, un grapat cada un. Així, si passa alguna cosa, hi haurà més possibilitats que algunes arribin a la seva destinació.

Després de beneir el Joan, el va acomiadar:

—Ara deixa'ns sols. *Kale peb!*

—*Kale ju!* —va contestar el noi segons el costum tibetà.

Va sortir al pati i es va esperar contemplant les pintures murals de colors vius que representaven la Vida de

Buda i la Roda de la Vida. Es va aturar davant d'un *tankha* que no sabia què representava.

—És un Mandala —va dir una veu de timbre clar darrera seu.

Es va girar i es va trobar amb Tsering Dolma.

—Representa el Paradís Budista. Mira, aquí hi ha les quatre portes: la de la Felicitat, la de l'Infern... Tu no ets budista, oi?

L'ensurt va fer empal·lidir el Joan darrera el tint que li cobria el rostre.

—Bé, sí... Per què m'ho preguntes?

—Perquè ets diferent! Tens un accent curiós, d'on ets? I a més, mires aquestes pintures com si fos el primer cop que les veiessis!

—Sóc del Kho-Kharpo —va contestar el Joan sorprès per la capacitat d'observació de la noia.

—Del Kho-Kharpo? Doncs em pensava que allà també eren budistes tibetans!

El Joan es va adonar que trepitjava un terreny fals i que, de la manera més idiota, s'estava posant en perill innecessàriament. A més, es trobava sol, sense Jetsun a la vora (Potser ja s'estava acomplint la premonició del lama?). Sense saber com sortir-se'n, va donar mitja volta i es va allunyar d'ella. Simplement, la va deixar plantada. Va entrar al temple i va seure en un racó fosc perquè ningú més el destorbés.

Va pensar en la conversa que acabava de tenir. Se sentia impressionat per la figura misteriosa i serena del lama ancià, però no sabia fins a quin punt havia de donar crèdit a la seva visió i a la premonició que li havia fet. Tanmateix, era perfectament conscient que el seu amic Jetsun no tan sols creia al peu de la lletra el que havia dit el lama, sinó que ell mateix posseïa dots de la mateixa índole.

Va recordar el dia de la manifestació. Li semblava molt llunyana, com si hagués passat una infinitat de temps entre aquell dia tenyit de sang i el seu lent pelegrinatge pels camins polsosos del Tibet Central. Va recordar el noi desconegut que l'havia rescatat d'entre els morts, ferits i refugiats que s'havien amuntegat sobre el terra llardós d'un restaurant del barri vell de Lhasa. Era Jetsun. Llavors l'havia conduït cap al seu hotel, perquè es pogués reunir amb el pare, però l'hotel estava cremant! S'havia sentit completament abatut. Desolat. Amb les butxaques plenes dels rodets que el seu pare li havia donat en plena manifestació i sense voler-se lliurar a la policia xinesa perquè no els hi confisquessin.

Llavors, aquell protector inesperat l'havia amagat al Palau Blanc del Potala, un laberint immens d'habitacions i corredors, que romania deshabitat des que el Dalai Lama havia fugit el 1959.

El va envair una dolça melangia. Va pensar en la mare, els avis, els amics que havia deixat en un país tan llunyà que, des d'on es trobava i després de tot el que li havia passat, li semblava irreal. Per enèsima vegada va evocar el pare i els amics periodistes amb qui compartia presó a Pequín. S'imaginava que, si es concentrava molt, el pare podria sentir el missatge que li enviava: «Aviat, pare, aviat us trauré d'aquest forat. Ja estic a prop de la frontera!»

Evitava pensar que encara li faltava per superar els obstacles més grans: la vigilància fronterera i la travessia per les muntanyes més altes del món.

Quan va retrobar Jetsun ja era de nit.

—Ara anirem a saludar el lama abat del monestir. No sap res de la nostra missió ni que tu ets estranger. Millor que no parlis.

El lama abat era un home de mitjana edat i de mirada perspicaç. Els va beneir segons la tradició tibetana i els va fer recitar mantres per sortir algun dia de la Roda. Després els va fer preguntes rutinàries sobre l'objecte del seu pelegrinatge i sobre el camí que seguien. Sempre era Jetsun el qui contestava i el Joan es limitava a mantenir una certa actitud de babau, com si no hi fos tot, una mica endarrerit respecte del seu amic perquè la llum de les espelmes no li il·luminés la cara.

De cop i volta, el lama abat se li va dirigir obertament amb un paper a la mà.

—Tu tens aspecte d'haver nascut lluny, noi. Per arribar fins aquí deus haver vist molt de món, així potser em podràs llegir aquests signes estrangers...

I li va mostrar un vell paper arrugat en què amb lletra clara i grossa es podia llegir: *Do you speak English? How much, how much...? Ten dollar, ten dollar, ten dollar!*

El crit ronc, irreconeixible, que va emergir de la gola del Joan va quedar ofegat per un estrèpit eixordador. Un *tankha* de dimensions extraordinàries s'acabava de desplomar a uns centímetres del lama abat. Si li hagués caigut a sobre, l'hauria pogut matar.

Al cap d'un segon, la sala es va omplir de monjos que corrien amunt i avall i que intentaven esbrinar què havia passat. El lama abat cridava a tort i a dret amb veu alterada, intentant posar ordre al caos que s'havia apoderat del recinte. Només va perdre de vista els dos pelegrins durant un minut, però quan va tornar a mirar el lloc que ocupaven, el va trobar buit.

Els nois s'havien escapolit fora del monestir en un obrir i tancar d'ulls. Abans, però, de darrera d'una columna del pati de l'entrada, Jetsun va agafar un sac ben atapeït i una manta.

—Això són provisions per al camí i aquesta manta és per a tu.

—D'on ho has tret, tot això? —va preguntar-li el Joan, astorat.

—El lama ancià m'ho ha facilitat. M'ha indicat on m'ho deixaria perquè ho poguéssim agafar en qualsevol moment que marxéssim.

La nit era fosca, sense lluna. Milers d'estels entatxonaven el cel titil·lant intensament però sense donar cap llum a la terra. Caminaven amb pas viu, esperonats pel fred i la inquietud.

—No pot ser causalitat, Jetsun, que m'hagi fet llegir aquestes paraules en anglès exactament en el mateix ordre i la mateixa cadència amb què les pronunciava el monjo Lamo Takla!

—La casualitat no existeix. Tots els efectes tenen les seves causes i s'expandeixen infinitament provocant noves causes i nous efectes. Aquesta és la Roda de la Vida. Cal reflexionar bé per entendre les causes i així, poder evitar els efectes i sortir, alguna vegada, d'aquesta cadena d'il·lusions.

—Em contestes amb paraules filosòfiques que no entenc i no aclarim què ha passat. Com ha pogut caure tan oportunament el *tankha?* Això tampoc no ha estat casualitat!

—I tant que no. Estic segur que ha estat obra del lama ancià. És un home molt savi que destaca per les seves premonicions, capacitat telepàtica i...

—I què més...?

—Doncs, domini de l'energia.

—Què és això? Construeix preses, aprofita els salts d'aigua per fer electricitat...?

—Oh, no és res de tot això! Tu no ho pots entendre amb la manera de pensar tan pragmàtica pròpia dels occidentals!

Van callar una estona. El Joan no sabia què dir per manifestar la seva ràbia i el seu desconcert davant d'aquells fets extraordinaris i incomprensibles. Jetsun no trobava paraules per explicar-li millor al seu amic tot el que ell comprenia d'una manera diàfana sobre el succés del *tankha.* Calia esperar. Potser amb el temps el Joan ho arribaria a entendre... si les circumstàncies eren propícies i ell s'hi mostrava predisposat.

—Què creus que vol dir: «*How much? Ten dollar!?*» —va preguntar el Joan, al cap d'una estona.

—Deu ser una contrasenya, però no sabem de quin bàndol. Del nostre, segur que no! Potser és la contrasenya dels tibetans confabulats amb els xinesos...

—I com és que Lamo Takla la coneixia? Tu em vas dir que era el teu mestre al Potala!

—També he estat pensant en això. Estic convençut que Lamo Takla no era un traïdor. Jo el coneixia prou bé. Convivíem des que vaig arribar a Lhasa, amb cinc anys. Quan era petit, Lamo em posava al llit, supervisava la meva higiene, em feia resar les oracions, es preocupava del meu menjar i de la meva salut... Era quasi com un pare!

—Doncs, quina explicació té, tot això?

—No ho sé... però se m'està acudint que potser t'ho va dir com un avís.

—Un avís?!

—Sí! Ell no sabia qui eres tu. Podies no tenir res a veure amb la nostra causa i estar allà per atzar... o podies estar amagat per escapar dels xinesos. I això era el més plausible, perquè al Palau Blanc no s'hi perd un estranger perquè sí després de la manifestació més important del segle. Devia suposar que algú de nosaltres t'hi havia amagat.

—Però, com expliques que conegués aquesta contrasenya?

—Tampoc no ho sé, però puc imaginar-me tres o quatre explicacions: potser el van detenir i torturar unes quantes hores i la mateixa policia la hi va dir per fer-lo parlar; potser l'hi va confessar algú o ho va descobrir per si sol... vés a saber, però estic segur que t'ho va dir com un avís.

—El lama abat... per què m'ho ha fet llegir?

—Ens volia atrapar per sorpresa. De fet, ja ens tenia, si no arriba a ser pel *tankha.* Això vol dir que ens segueixen la pista i que hem d'anar molt en compte per no tornar a caure a les seves mans.

—Això de *lama kieno,* és una altra contrasenya?

—No. És un tracte de respecte que s'usa amb les persones venerables.

—I els dokpes?

—Són pastors nòmades. Tenen ramats de iacs, de corders, de *dzomos*... Els *dzomos* són el resultat de creuar una vaca i un iac. Els dokpes viuen en grans tendes circulars i es mouen buscant les pastures més adients. En trobarem a partir d'ara.

—Per què *lama kieno* m'ha anomenat jove *inji?*

—*Inji* vol dir occidental, estranger.

Al cap d'unes hores, quan van pensar que ja s'havien allunyat prou del monestir, es van aturar arrecerats a la vora d'un *mendong* per dormir una mica.

—Jetsun, del somni del lama, què n'opines? —va preguntar el Joan un cop van estar ajaçats sota la volta del cel.

—No ho sé. Pot tenir un significat místic o pot simbolitzar la pèrdua dels rodets. Em preocupa que els vegi sortir volant en totes les direccions... Sembla l'efecte d'una explosió.

—Tinc por Jetsun —va dir el Joan sentint que se li posava la pell de gallina.

—Ja t'he dit que la por és una passió inútil. Cal conservar la calma —li va contestar Jetsun amb veu llunyana.

VI

Quan encara hi havia alguns estels esmorteïts en el cel gris de la matinada, els va despertar una veu jovenívola, de timbre net, que no els era desconeguda.

—*Toshi dili* (Hola!)

Jetsun i Joan es van incorporar d'un bot.

—Tsering Dolma! Què hi fas tu aquí? —va exclamar el jove monjo sorprès.

Se sentia profundament contrariat. Va llançar a la noia una mirada plena de desconfiança que el Joan va captar molt bé perquè sabia què pensava el seu amic: «Si la casualitat no existeix, què hi fa ella aquí? O està relacionada amb els nostres perseguidors, o amb el somni de *lama kieno*, o d'alguna manera intervindrà en la nostra missió... Però, per bé o per mal?»

—Vinc a Rongbuk amb vosaltres —va contestar amb rotunditat.

—Però, per què? —va inquirir el jove monjo, desconcertat.

—Vull atrapar els meus germans perquè temo que creuin la frontera i fugin cap al Nepal! Jo també vull escapar d'aquest país oprimit!

Parlava amb molta determinació i una mica de ràbia, sobretot en l'última frase.

—Com és que els teus germans t'han deixat? —va preguntar-li el Joan.

No s'havia adonat que Jetsun acceptava aquella explicació sense sorprendre's.

—Doncs per això... Mireu! —va dir Tsering impetuosament.

Els ensenyava una tendra i fonda cicatriu al séc de la cama dreta.

—Vaig caure i em vaig ferir la cama amb el caire d'una pedra esmolada en el camí de Kharta a Sakya. Vaig haver d'aturar-me al monestir perquè no podia caminar més!

—I no et van esperar? —va preguntar el Joan commogut.

—Els pelegrins tibetans mai no esperen els que no poden seguir el ritme, siguin parents o no. Simplement, els deixen enrera en el camí. És una llei ancestral de supervivència —va dir Jetsun.

L'aclariment del monjo va cridar vivament l'atenció de la noia, que va dirigir una mirada penetrant al jove estranger i li va etzibar:

—Tu no ets tibetà si ni tan sols coneixes els costums del país. Això del Kho-Kharpo és mentida!

Els havia atrapat. Sense adonar-se'n, els dos nois havien abaixat la guàrdia i en una frase sense importància s'havien delatat, molt abans de trobar-se en una situació compromesa o de força major. El Joan va sentir que se li enterbolia el cap i que les cames li feien figa. Li semblava que d'un moment a l'altre serien detinguts. Va tancar els ulls perquè la llum viva del sol els hi irritava, però els va tornar a obrir a l'acte perquè va sentir Jetsun parlant amb una veu rara:

—*Do you speak English? How much, how much...? Ten dollar, ten dollar, ten dollar!*

Estenia la mà per demanar almoina i es mirava la noia amb ulls extraviats, com si no hi fos tot. Al Joan li va semblar que representava una pantomima histriònica.

Tsering va fer un pas enrera, bocabadada, sense entendre res.

—Per què em parles en una llengua estrangera? És que se t'ha ficat un dimoni al cos o què? —li va cridar, seguint el costum tradicional d'alçar la veu per espantar els mals esperits.

El Joan s'ho mirava sense respirar. No sabia on volia arribar el seu amic.

—Em vols fer creure que estàs endimoniat perquè marxi! —va cridar de cop Tsering sobreposant-se a la sorpresa, després de recitar les fórmules màgiques que marca la tradició per protegir-se dels dimonis—. Però no ho penso fer, perquè jo vull arribar a Rongbuk sigui com sigui, ni que hi hagi d'anar sola! Serà el vostre problema si seguiu el mateix camí que jo!

Va recollir el seu sac de terra i va enfilar el corriol, molt determinada. Abans, però, de posar-se a caminar, encara els va dir:

—Si voleu anar al davant, ja podeu començar a córrer! Si no, descanseu aquí mig dia i així no ens veurem més!

Estava furiosa contra els dos nois perquè no la volien. Malgrat que entre els tibetans és una creença comuna que existeixen els mals esperits i els dimonis i que aquests sovint posseeixen els homes d'esperit feble, ni per un moment Tsering va creure que Jetsun estigués posseït. El seu sentit pràctic li deia que tot allò era una rotunda negació a fer el camí junts, fos pel motiu que fos. I se sentia ferida en el seu orgull més íntim per aquell rebuig.

Quan ja enfilava el camí que serpentejava entre els matolls, va sentir un esclat de rialles darrera seu i la veu enjogassada de Jetsun que deia:

—Ets una noia molt observadora, Tsering, i no et podem pas enganyar. Torna, que t'explicarem la veritat.

El Joan va mirar Jetsun mut per la sorpresa sense entendre què es proposava. Se sentia disposat a fer qualsevol cosa, excepte dir, precisament, la veritat. Però Jetsun li va fer un gest tranquil·litzador i va continuar:

—El meu amic es diu Joan i encara que és de pare tibetà, s'ha criat a l'estranger. Ha vingut al Tibet atret pel budisme que va aprendre del seu pare mort ara fa un any. Té la intenció de complir amb la seva última voluntat, que és portar les cendres del seu progenitor pels circuits sagrats en pelegrinatge, segons els costums budistes...

—Ah... —va fer ella clavant en el jove estranger una mirada indagadora.

—Ja saps que li cal evitar els xinesos, perquè mai li permetrien fer el pelegrinatge si sabessin que és mig estranger, per això amaga el seu origen.

L'expressió furiosa de Tsering es va anar transformant en incrèdula fins que, finalment, va destil·lar una viva curiositat. Al cap d'uns minuts, els ulls li espurnejaven enjogassats sense apartar la mirada del Joan ni per un moment, com si volgués dir-li alguna cosa i no sabés com. A la fi, amb actitud desimbolta, li va preguntar:

—M'han dit que, a Occident, la moda del vestit canvia cada any. És veritat?

—Doncs sí..., sí que canvia sovint —va respondre el noi sorprès per una pregunta que no s'esperava.

—Si sempre és diferent, què es posa la gent? Com poden canviar les mànigues, les butxaques, els botons...?

Tant ella com Jetsun el miraven amb els ulls esbatanats pendents de la seva resposta, com si els hagués d'aclarir una profunda incògnita.

—No és això el que canvia!

—Doncs què canvia?

—La forma, el color, la llargada... no sé com dir-ho, però les mànigues sempre són mànigues!

—Ah! —va fer ella com si ho entengués.

Però el Joan era conscient que no s'ho podia imaginar perquè ella vivia en una societat amb economia d'autoabastament en què s'usava la mateixa roba fins que s'estripava i es canviava la sola foradada de les botes fins a l'extenuació. Ni de lluny podia formar-se la més petita idea del que era la societat consumista.

No en aquell país sense botigues, de paisatge auster, de llargues caravanes de pelegrins desplaçant-se a peu, de jupes deslluïdes que passaven d'una generació a una altra.

Van prendre te i van menjar galetes que Tsering els va oferir. Després, quan el sol començava a escalfar la terra, van remprendre el camí.

—Pots explicar-me què pretens, Jetsun?! T'has tornat boig de veritat o què?! —va quasi cridar el Joan tan aviat com Tsering es va trobar fora de l'abast de les seves paraules.

—Calma't, home. No hi havia més remei que fer-li alguna prova per saber si ella està confabulada amb el lama abat o no.

—I quina conclusió n'has tret?

—I tu? Tu la veies millor que jo! Què t'ha semblat l'expressió del seu rostre quan he dit la contrasenya?

—Semblava que no entenia res, com si no ho hagués sentit mai a la seva vida.

—A mi m'ha semblat el mateix. Però no en podem estar segurs del tot, no podem abaixar la guàrdia —va dir Jetsun amb veu fosca tot mirant la figura esvelta de Tsering que caminava amb pas decidit uns centenars de metres davant seu—. La casualitat no existeix i per alguna cosa ha aparegut.

—Per què la deixes venir, doncs? Per què li has dit que sóc mig estranger? Això és quasi com haver-li confessat la veritat!

—Som uns pelegrins que anem a Rongbuk i ens hem de comportar com a tals. Cal acollir els solitaris i desvalguts, perquè això són mèrits i no trobaries cap pelegrí en tot Àsia que no ho fes —va contestar Jetsun amb to reflexiu—. I, al mateix temps, calia justificar el meu comportament del principi. L'explicació que he donat és entenedora i comprensible per a ella.

—Però si és...!

—Si és una espia pots estar segur que ja ho sap tot o quasi tot sobre nosaltres. O sigui, que no hi hem perdut res. A partir d'ara, cal tenir l'ull viu i no perdre-la mai de vista!

El corriol ascendent que seguien zigzaguejava per una vessant pedregosa a la dreta d'un torrent tumultuós.

Després d'algunes hores de caminar, van arribar a una vall alta, verda i plana travessada per l'ample corrent d'aigua que alimentava el torrent.

—S'ha de creuar el riu! —va dir Tsering.

Coneixia els detalls de la ruta perquè l'havia feta anys abans amb els seus germans.

—Doncs jo no veig cap pont —va indicar el Joan escodrinyant la vora.

—S'ha de passar a gual —va informar Tsering—. Vinga, busquem un bon lloc.

Van vorejar el riu fins que van localitzar una zona on el cabdal s'eixamplava i semblava tenir poca profunditat. A l'altra banda, a uns centenars de metres, podien distingir algunes tendes de dokpes plantades i les taques fosques dels iacs pasturant pels voltants.

—Joan, l'aigua està molt freda, et sorprendrà. Passa tan de pressa com puguis, però, sobretot, procura no ensopegar amb les pedres del fons! Pensa que si caus no t'aixecaràs.

Tsering s'havia arremangat la faldilla i amb els peus descalços comprovava la força del corrent, la forma dels còdols i la fredor de l'aigua.

—Uuuh! Està gelada! I les pedres són punxegudes! Haurem de passar calçats i agafats de la mà, formant cadena.

—Ens mullarem les sabates... —va intervenir el Joan.

Se sentia insegur davant de l'aigua glacial. En canvi, els altres s'ho miraven com la cosa més natural del món.

—Val més quedar amb els peus mullats que caure dintre el riu —va contestar-li Tsering—. No facis tan mala cara, que això és fàcil.

—Passaré jo primer, el Joan al mig i Tsering l'última. Així ens podrem recolzar cada un en un altre i tu, Joan, tindràs doble suport, que ets el més inexpert —va dir Jetsun per organitzar la travessia.

Es van posar a l'aigua.

Al principi semblava prou senzill. Però a la cinquena passa, la profunditat augmentava de sobte, el nivell de l'aigua els arribava a les engonals i la seva força els arrossegava els peus pel llit del riu. Tot allò donava una terrible sensació de desequilibri.

Però el pitjor de tot era la fredor, la gelor intensa de l'aigua que els entumia els membres en una contracció de dolor.

—De pressa! Cal passar de pressa! —cridava Jetsun.

Encara que el tenia dos pams davant seu, el Joan a penes el sentia perquè el bram del riu apagava la veu.

Quan el Joan es trobava al centre de la travessia, va oscil·lar sobre les puntes dels dits dels peus que li ballaven pel fons pedregós del riu sense trobar un punt sòlid on recolzar-se. Jetsun premia amb força la seva mà i també lluitava per col·locar els seus peus en un lloc segur.

Al cap d'unes dècimes de segon, el Joan es va adonar que Jetsun ho havia aconseguit. Llavors, el jove tibetà el va prémer amb més energia per donar-li embranzida.

—Va, Joan, va! —va dir el monjo clavant els seus ulls brillants en els del seu amic.

Però al Joan quasi se l'emportava el corrent. No aconseguia d'equilibrar-se i sentia que estava a punt de deixar-se anar... flotant corrent avall. Només que no hauria flotat, perquè amb el pes del sac de provisions i la manta se n'hauria anat cap al fons. El va salvar l'empenta que Tsering li va donar a l'últim moment.

—Ànim, home, que gairebé ets fora! —va cridar-li la noia a l'oïda mentre amb el seu cos càlid l'empenyia cap a la vora.

El Joan va sentir els pits turgents de Tsering clavats a la seva esquena i el cervell se li va enterbolir. Empès per ella, va donar un pas més sense saber com i ja va trobar el fons del llit del riu més a prop. Va sortir del corrent tremolant de fred i d'excitació, mullat fins a la cintura i adonant-se que mai no hauria aconseguit de travessar un corrent com aquell sense l'ajuda expressa dels seus amics. Els devia la vida.

—*Tug xé xé!* —va dir amb veu trencada per l'emoció—. *Tug xé xé!*

I els va abraçar. De nou, la proximitat de Tsering li va tallar l'alè.

—Mira el teu sac! —li va murmurar a l'oïda Jetsun obligant-lo a sortir del seu embadaliment.

—Està obert! Com és possible? —va dir el Joan tot de cop deixondit davant de la desagradable sorpresa—. Estic segur que m'he posat a l'aigua amb el sac ben tancat i lligat!

—No has perdut res? —li va preguntar Tsering que havia sentit les últimes paraules.

—No, no he perdut res ni s'ha mullat el menjar —va respondre el jove amb veu distreta tot palpant amb les mans els objectes que hi guardava. No volia que ella s'adonés de l'important que era el que duia allà dins.

Jetsun va mirar la noia amb una expressió indesxifrable, plena de duresa, però no la va interrogar sobre què pretenia obrint el sac del Joan, d'amagat, durant la travessia del riu. Perquè Jetsun estava segur que havia estat ella i per aquesta raó s'acabava de convèncer que era una enemiga contra la qual havia d'estar preparat. La noia entraria en acció en el moment més inesperat. Però ell estaria sempre atent i li sortiria a l'encontre, encara que no al mig d'un pla cobert de matolls, a quasi cinc mil metres d'altitud, tremolant tots tres amb el calçat i la roba mullats, sense roba d'abric, en un total desemparament. Calia protegir el jove estranger, que no resistiria una nit al ras amb la temperatura baixa i la roba xopa. Ja arribaria l'hora.

El Joan es va tornar a sentir torbat mentre mirava Tsering com s'escorria la llarga faldilla tibetana que s'havia lligat a la cintura per travessar el riu. Rabejava aigua de tant com se li havia mullat, igual com als dos nois els pantalons i la part inferior de la jupa.

—Demanem als dokpes que ens deixin assecar la roba al seu foc! —va suggerir ella.

—Anem-hi.

Jetsun va assentir malgrat el consell del lama, forçat per les circumstàncies.

Quan van ser a prop del campament, van sentir els mugits dels iacs i els crits dels homes al fons de la vall.

En veure'ls arribar tan mullats, de seguida els van fer entrar en una de les grans tendes circulars on tenien un foc encès. Allà hi havia les dones trafequejant i la canalla petita enjogassada, tots envoltats del fum que no encertava a sortir pel forat del sostre.

—Som *ardjopes* (pelegrins) i pelegrinem a Rongbuk. Ens hem mullat al riu —va explicar Jetsun—. El meu amic porta les cendres del seu pare al monestir sagrat perquè descansi allí en pau.

I va ensenyar una de les capses on guardaven els rodets.

De seguida se li van irritar els ulls al Joan i li van començar a plorar. De fet, no se li havien recuperat del tot des que havia sortit de Lhasa.

Van eixugar la roba al foc i van sopar carn fumada de iac impregnats de fum entre els plors de les criatures, les paraules i les rialles dels adults en una vetllada que es va fer molt llarga.

—Vaig veure un *mig kar* (ulls blancs) a Giantzé el mes passat —va dir un dokpa durant la conversa—. I m'han dit que n'hi ha molts a Lhasa. N'heu vist vosaltres?

—Algun, de lluny... —va contestar Jetsun amb un gest vague.

—Doncs jo he sentit a dir que la policia els busca i els fa fora del Tibet —va afirmar una dona que duia el cabell adornat amb turqueses. I va afegir—: A mi ja m'agradaria veure'n un... Diuen que són tan lletjos que fan por!

Tots van riure, però al Joan el cor li va fer un salt, perquè sabia que els nòmades anomenaven *mig kar* als estrangers. Per un moment, li va semblar que tothom el mirava i, fins i tot, que havien tret el tema dels *mig kar* perquè l'havien descobert i el volien atrapar en una juguesca per divertir-se.

Però la penombra del seu racó el protegia i allà es va encongir, paralitzat per l'ensurt.

—La policia busca tothom que faci cara sospitosa! Hi ha més controls que mai des dels disturbis... No abaixen la guàrdia —va contestar un altre home d'edat avançada, tot desviant el tema de conversa.

A Jetsun no li havia passat desapercebut que aquell home els tractava amb una especial simpatia i un cert esperit de protecció.

—Potser estan sobre la pista d'algun activista important, vés a saber —va afegir un jove que dirigia mirades insistents cap al racó del Joan.

El jove estranger es volia fondre. Tenia por que el dokpa se li apropés per donar-li conversa i observar-lo de prop. A penes va poder donar crèdit als seus ulls quan es va adonar que, discretament, Tsering s'havia col·locat a la vora del jove dokpa per entretenir-lo. Aquest, de seguida, es va oblidar del Joan i va dedicar la seva atenció a la noia, que era bonica i alegre i es mostrava enjogassada.

El Joan va romandre immòbil en la penombra lluitant contra el suplici de la coïssor dels ulls i contra l'amarguesa de la gelosia fins que, ja ben entrada la nit, els dokpes es van estirar per descansar. Llavors es va sentir alliberat i va dir a Jetsun:

—Surto per airejar-me una mica els ulls.

El monjo el va seguir. Era una nit molt fosca, sense lluna. Havien deixat els seus embalums a la tenda on s'havia quedat Tsering amb l'altra gent.

—Em fan mal els ulls. No podré dormir aquí dins.

—Doncs col·loca't fora, a la vora de la tenda. Jo t'acompanyaré. Vaig a buscar les mantes —va contestar el jove monjo.

—Jetsun, tinc por que em descobreixin —va confessar-li quan va tornar.

—Jo també. He passat molta por i m'he fixat que un individu et mirava amb molta insistència, però estic segur que no ha pogut veure res sospitós perquè no se't distingia bé en la foscor. Demà marxarem abans que es faci de dia.

—T'has fixat en Tsering? —va dir el Joan amb una lleu tremolor a la veu.

Només de dir el nom d'ella, el cor se li accelerava. No podia evitar de sentir encara les seves sines pitjant-lo amb tot el cos sinuós premut contra el seu. Va desitjar que Jetsun no ho notés.

—Sí que ho he vist, però tampoc no he oblidat el que ha passat al riu.

El Joan quasi va donar un bot: ni se n'havia recorda't més, de la bossa misteriosament oberta mentre creuaven el riu! O és que, potser, havia estat un descuit seu? No. Encara que la presència de Tsering li enterbolís el cervell i el destarotés, estava segur que havia tancat i lligat la bossa. Ho havia fet per si queia a l'aigua i s'ofegava, perquè el seu amic Jetsun pogués recuperar el material i acabar la missió.

—Què opines d'això del riu? —va preguntar el Joan al final d'un llarg silenci.

—Deu haver volgut comprovar si hi portes la mercaderia... Perquè... no ha intentat pas empènyer-te riu avall, oi?

—No!

La resposta del Joan va ser tan aspra que va cridar l'atenció de Jetsun.

—No? —va preguntar el monjo amb veu insinuadora.

—No. Només m'ha ajudat a sortir del riu. Sense ella no ho hauria aconseguit mai! —va contestar el Joan amb una vehemència que no va passar desapercebuda al seu amic.

—Ja sé que li has agafat molta estimació, Joan, però vés amb compte. Per ara, tot el que la rodeja és sospitós i tu ho saps molt bé... Si ella t'ha obert el sac, és molt clar quines són les seves intencions... I te l'ha obert, oi?

El Joan va abaixar el cap, però abans que pogués contestar, una veu va interrompre el silenci de la nit com un tro.

—S'aproxima una patrulla de control! Vénen soldats xinesos!

Cridava un genet que s'aproximava al galop.

—Vénen soldats! Atenció, ens estan rodejant els soldats!

Els homes del campament van encendre algunes torxes. Sota la llum grogosa Jetsun i Joan van distingir que els havia avisat un grup de dos o tres khampes, però no els van veure prou bé per saber si els coneixien.

—Ràpid, moveu-vos, ràpid! —es cridaven els uns als altres.

Tothom s'havia aixecat i regnava la confusió entre les famílies.

—Per què vénen aquí? Què passa? —va preguntar Jetsun a l'home d'edat avançada amb qui havien parlat durant la vetllada.

—Fa temps que ens fan la guitza perquè creuen que donem suport a l'exèrcit khampa de la resistència i que ajudem els refugiats a fugir a través del Nangpa La cap al Nepal —va contestar amb ràbia.

Regnava el caos i els animals mugien esverats.

—Maleïts siguin! No tindrem pas temps d'aixecar el campament abans que arribin! —i va afegir amb el to protector de la nit abans—: Fugiu, marxeu! Si us troben aquí us interrogaran, i us faran perdre el temps. Aneu en pau!

—Quedeu en pau! —li van contestar.

Sense perdre ni un segon van recollir els seus sacs i van sortir en direcció a la muntanya. A l'últim moment, va aparèixer Tsering d'entre la multitud, preparada per fugir amb ells. Amb el pas àgil i segur els seguia sense problemes, enganxada als seus talons en la foscor densa que no els deixava veure res.

—Creus que ens busquen a nosaltres, Jetsun?

—No ho sé, però és molt probable —va respondre lacònicament el monjo.

L'alba els va sorprendre remuntant una vessant despullada de vegetació. Sota els primers rajos del sol van poder veure com els soldats inspeccionaven el campament mig desmuntat, interrogaven els dokpes i detenien alguns homes de mala manera.

—No ens veuran fins que no ens toqui el sol —va dir el monjo—, però llavors no ens podrem amagar enlloc.

—Canviem de ruta! —va intervenir Tsering.

Els ulls li brillaven animats per la idea que se li havia acudit.

—Agafem aquella vall! —va afegir tot indicant una barrancada angosta per on descendia un altre riu d'aigües furioses. A primera vista, semblava impracticable.

El Joan i Jetsun es van mirar, per un instant, indecisos. La noia els tornava a sorprendre, aquest cop per ajudar-los positivament a escapar dels xinesos. Se sentien desconcertats perquè es podia tractar d'una enganyifa, però no hi havia elecció.

—Què saps d'aquell camí, Tsering?

—Sé que és agrest i que no el segueixen les caravanes ni els dokpes perquè cal travessar el riu amb tirolina., Però discorre en la direcció que ens convé i, un cop superat el coll, veurem Rongbuk al fons de la vall, sense passar per Xegar.

—N'estàs segura? —li va preguntar el Joan—. No ens perdrem?

Aquelles muntanyes li semblaven temibles.

—Ho he sentit explicar als meus germans i ells han treballat moltes vegades en aquest tram, de Sakya fins a la frontera.

La veu de Jetsun va sonar dura quan va dir:

—A què es dediquen els teus germans, Tsering? Vigilen les muntanyes per ajudar els xinesos a detenir els tibetans que fugen? Paren trampes als refugiats i els obliguen a rendir-se?

—Heu desconfiat de mi des del principi! Més hauria valgut que féssiu el camí sols. És pels meus actes que m'heu de jutjar, no pels vostres problemes! Perquè ja m'he adonat que alguna cosa porteu entre mans!

—No has contestat a la pregunta, Tsering! —va dir el Joan sentint que el cor li bategava molt a prop de la gola.

—No l'he contestada perquè no vull dir a què es dediquen! No ho diré mai! No sé qui sou i no puc confiar en vosaltres! —Parlava amb ràbia i determinació. Després va afegir—: Però suposo que no sereu tan enzes com per no haver-vos adonat que jo també fujo de la policia!

Els mirava amb ulls de foc. Al Joan li va semblar molt bonica amb el cabell onejant a l'aire, la pell morena i l'expressió resoluda. Sentia un impuls irresistible de creure en la seva innocència.

—Tranquil·la, Tsering. Si tu tens motius per fugir de la policia, nosaltres també en tenim —li va dir agafant-li les mans—. Ara cal fugir. Anem!

El jove estranger va sentir la lleu tremolor que embargava Tsering a través de les mans. Sense dir res més, ella va donar mitja volta i va enfilar la nova ruta.

Els nois la seguien de prop. Es refugiaven en els contorns d'ombra que encara llepava la muntanya fins que van entrar en el barranc humit. Era agrest i s'enlairava abruptament. Allí, per fi, es van sentir protegits dels ulls dels xinesos.

L'ascensió fou penosa entre pedregars immensos, sense camí marcat. Es guiaven pel sol i pel que Tsering sabia del camí.

Mentre avançaven enmig de les muntanyes gegantines, abruptes i solitàries, la tensió de la desconfiança va anar desapareixent per donar pas a un sentiment de col·laboració de grup, imprescindible per sobreviure en aquell medi tan inhòspit.

Fins i tot Jetsun recapacitava sobre les seves sospites.

—És cert que Tsering va arribar a Sakya amb els seus germans. Ho vaig comprovar —li va dir Jetsun al Joan quan la noia no els podia sentir, perquè sempre caminava al davant—. Però estic segur que no són pelegrins.

—Doncs què són?

—Hi ha dues possibilitats oposades entre elles: una, que siguin col·laboradors del lama-abat i, per tant, que estiguin confabulats amb la policia....

—I l'altra?

—La segona possibilitat és que ells també fugin, com nosaltres.

—Que fugin com nosaltres! —aquesta idea va entendrir profundament el Joan mentre recordava la duresa de les seves sospites contra Tsering.

—Potser ajudaven a sortir gent fitxada del país des de Sakya i Xegar a través de les muntanyes, com nosaltres farem, i algun detingut als disturbis ha delatat les seves activitats il·legals. En aquest cas hi deu haver ordre de busca i captura contra ells.

—Ara ja entenc millor perquè no la van esperar quan es va fer mal a la cama.

—Això explicaria algunes coses, per exemple, aquest delit que té per atrapar-los, perquè està clar que si creuen la frontera sense ella, no els veurà més... Però no ho explica tot! —va dir Jetsun amb posat greu.

—Com que no?!

—La coincidència de la seva aparició amb l'intent del lama abat d'atrapar-nos, que aquella nit ens seguís i que t'obrís la bossa al riu... Tot això no encaixa.

—No podem abaixar la guàrdia, oi?

—No.

El Joan va mirar-la. Ella caminava amb pas ràpid i decidit davant seu, vestida amb la jupa femenina de faldilla llarga i una faixa de colors vius a la cintura. Duia les trenes recollides en cintes vermelles i es movia amb una gran agilitat en el terreny accidentat. En sec va cridar:

—Ja veig la tirolina!

Assenyalava un punt incert sobre el riu que brogia encaixonat entre parets rocoses.

—Això és terrible —va exclamar el Joan quan hi van ser a la vora.

El lloc per on calia travessar el riu era espectacular: l'aigua rogenca emetia un bram eixordador i discorria engorjada cinquanta metres més avall d'on es trobaven. Per travessar hi havia un cable d'on penjava un suport en forma de te invertida.

—Com es passa amb això?

La por corroïa el Joan i a penes sentia la seva pròpia veu esmorteïda pel soroll.

—S'ha de seure sobre la te, lligar-se i autoimpulsar-se cap a l'altra banda. És fàcil —va dir-li Tsering quasi a l'oïda.

—Quan vam passar el riu a gual també vas dir que era fàcil i de poc que em nego! —va dir el Joan sentint-se flaquejar encara més en notar l'alè de la noia sobre el rostre.

—Fa molta baixada cap a l'altra banda! Serà còmode de travessar —va fer ella sense escoltar-lo.

El Joan estava paralitzat d'horror observant l'aigua efervescent al fons del precipici i pensant que s'havia de penjar només d'una corda tensada que, amb el pes, faria un bucle espantós.

—Has canviat de color —va dir-li Jetsun tustant-li l'esquena—. Els tibetans hem creuat els rius d'aquesta manera durant segles, no et preocupis, home!

—Tu no ho entens... jo vinc d'un país sec on se'n diu riu del que aquí és un rierol sense nom. No estic avesat a aquestes coses!

—Algun dia m'ensenyaràs el teu país i em portaràs a navegar per la mar... Llavors seré jo el que tindré por.

El Joan es va adonar que Jetsun li deia totes aquelles coses per calmar-lo. El jove estranger mai no li havia parlat de navegar però era cert que el pare tenia una barca de vela i que als estius sortien a la mar a pescar i a nedar. Els records el van colpir d'emoció i va mig somriure per l'aguda intuïció de Jetsun, que sempre el sorprenia. De vegades fins i tot semblava que li podia llegir el pensament.

—Passaré primer —va anunciar Tsering—. No perdem més el temps.

Quan ja estava asseguda sobre la te invertida, es va girar cap al Joan i li va dir:

—Aniràs més lleuger si et passo jo la bossa. Dóname-la...

—No! —la veu del Joan va sonar com un xiscle d'animal engabiat.

—Que cadascú passi amb la seva —va dir Jetsun amb un to de veu que no admetia discussió.

—Com vulgueu! —va dir ella i es va llançar avall per la tirolina sense ni girar-se.

Va avançar cap al centre del recorregut a una velocitat espaordidora impulsada per la corba descendent del cable. Un cop al centre, va quedar quasi frenada i va oscil·lar amenaçadorament sobre el riu. Però l'altra vora estava molt més baixa i amb l'ajuda de les mans s'hi va impulsar sense problemes.

—Ara tu, Joan —li va ordenar Jetsun—. Jo seré l'últim.

—Encara no, hem de parlar de...!

—No, amic meu, no. Com més tardis a passar més por et farà... i tampoc no convé que la nostra presumpta espia ens vegi parlant —li va murmurar el monjo mentre el feia seure a la te i l'empenyia avall.

—AAAHHHH!

El xiscle del Joan va aixecar ecos en les roques properes que es van barrejar amb el bram del riu. Es va sentir defallir llançat al buit a una velocitat que li tallava la respiració fins que una frenada el va fer ballar com un ninot sobre les aigües escumejants i va sentir un nus a l'estómac tan dolorosament agut que el paisatge es va tornar blanc i va començar a girar al seu voltant.

El va fer tornar a la realitat el cop violent que li va donar el cos de Jetsun en topar amb ell en el vèrtex del bucle provocant uns gronxaments tan violents sobre el buit que semblaven estrebades produïdes per una mà gegantina.

—Tranquil, home, tranquil! —va tenir temps de murmurar-li Jetsun a l'oïda.

S'havia penjat d'un ganxo per arribar fins al Joan i, en xocar, se li havia abraçat per frenar una mica el cop.

Però justament en aquell moment, quan la proximitat del monjo començava a tranquil·litzar el jove estranger, van sentir un cop sec i van sortir disparats cap a la vora a una velocitat incontrolada.

—Déu meu! —va cridar el Joan.

—Quin horror! —va exclamar Jetsun.

—AHHHH...!

VII

—Joan, desperta't, home, desperta't!

La veu de Jetsun li arribava de molt lluny, de fora de la immensitat negra esquitxada de punts lluminosos en què el Joan es trobava flotant.

A poc a poc, però, anava recuperant el contacte amb la realitat. Quan va obrir els ulls, es va trobar estirat sobre l'herba verda sota un cel de blavor rutilant només esmorteïda per un núvol rodó i blanc.

Es va recordar del presagi de *lama kieno* i es va intentar incorporar. Però no va poder, li sortia sang del nas i el cap semblava que se li estigués a punt de desmuntar del dolor tan agut que el travessava del front al clatell.

—Què ha passat? —va preguntar amb un fil de veu.

—Joan, home, t'has quedat encantat al mig de la tirolina un munt d'estona —va explicar-li Jetsun que, en veure'l parlar, començava a recuperar el color—, i no he tingut més remei que venir jo per treure-te'n...

—Ah, em recordo d'això... i després?

—Amb el pes de tots dos ha cedit el nus que tensava la corda a l'altura necessària.

—Què vols dir?

—Doncs que la corda ha agafat bastant més inclinació de la que tenia i hem sortit disparats cap a l'altra riba sense poder frenar i tu t'has estavellat contra una roca de la vora!

Podia llegir en els seus ulls tota la preocupació que sentia.

—Què t'has fet tu?

—Només alguna rascada perquè m'has parat el cop.

Al cap d'una estona es va incorporar amb l'ajuda del monjo. La sang del nas li havia deixat de rajar però tenia la impressió que el cap no se li podria sostenir sobre la feble base del coll.

—On és Tsering? —va preguntar.

Tot i que s'havia incorporat, no la veia enlloc.

Des del primer moment l'havia trobada a faltar, però no s'havia atrevit a tornar a demostrar interès per ella després de la picabaralla que havien tingut.

—No ho sé, no l'he vista des que hem passat la tirolina.

—Com? —al Joan, el cor se li va desbocar dintre el pit.

—Doncs simplement això, que no l'he vista més. Potser té necessitat d'estar sola després de la discussió que hem tingut. S'ha deslligat de la tirolina i ha enfilat el camí sense girar-se. Ni tan sols s'ha adonat del nostre accident perquè el bram del riu ha ofegat els nostres crits.

Jetsun havia parlat amb veu fosca i actitud ombrívola.

—Això no és tot... —va afegir.

—Què més hi ha...? —va preguntar amb ansietat el Joan que, malgrat el dolor dels cops, s'adonava de la gravetat del posat de Jetsun.

—He perdut la meva meitat dels rodets! —li va engegar el monjo, tot de cop, deixant anar la seva pena i la seva fúria amb els ulls inundats de llàgrimes.

—Quèèèè?!

—Amb la violència del xoc s'ha trencat la corda del meu sac... i ha caigut al riu amb els rodets, el menjar i la manta.

—Oh, no!

Al Joan mai no li havia passat pel cap que poguessin perdre els rodets sense ser detinguts i la notícia el va deixar aclaparat. Fins i tot l'estranya absència de Tsering havia perdut rellevància al costat d'aquella catàstrofe.

Des que havia sortit de Lhasa, s'havia imaginat que algun dia es retrobaria amb el pare i li podria tornar íntegre el tresor documental que li havia confiat. Però ja només en quedava la meitat. Era una derrota.

Se sentia feble i cansat, però alhora extremament lúcid, com si el seu cervell pogués entendre el sentit de tot el que fins llavors havia estat incomprensible: es va adonar de com era de fràgil el món que l'envoltava. Una rara sensació de serenitat i desolació el va envair.

Va mirar Jetsun i li va cridar l'atenció la intensitat del seu esguard, que el fitava com si pogués llegir, una vegada més, els seus pensaments.

—Mentre ens quedi un rodet, o la simple esperança de conservar-ne un d'intacte, hem de continuar... I encara que els perdéssim tots, també hauríem de continuar.

—Sense rodets?! Tot seria inútil.

—No, Joan! En tots els casos hem de seguir el sender que el kharma ens indica...

—El kharma?

—El destí que tenim reservat en aquesta vida.

El Joan no va saber què contestar. Mai no havia pensat seriosament en el seu destí, ni tan sols que en tingués un. Ningú no ho feia al seu petit país mediterrani on la vida transcorria d'una manera trepidant i no hi havia massa temps per pensar.

—Potser a Tsering li ha passat alguna cosa... És estrany que tardi tant —va dir després d'un silenci, quan va ser capaç de tornar a pensar en ella.

Jetsun es va encongir d'espatlles per tota resposta.

Des de feia uns minuts, el Joan no es podia treure del cap la noia. La seva absència ja començava a ser massa llarga i una sospita terrible l'aclaparava.

—Potser ha marxat... Vull dir que potser no tornarà, que seguirà el camí tota sola.

—Vés a saber. Després de tants dies de caminar junts, encara no hem averiguat quines són les seves intencions. Tan aviat ens ha ajudat a fugir dels xinesos com ha semblat que ens espiava! No sé què pensar.

—Jetsun, sabràs trobar el camí fins a Rongbuk si ella no torna? No ens perdrem?

—Estigues tranquil que, d'una manera o d'una altra, arribarem —va dir-li Jetsun amb el to de veu resolut encara que tenia el cor encongit davant de les dificultats que preveia.

Però el pitjor eren els cops que el Joan havia rebut, en especial el del cap i el del genoll. No podia caminar i no tenien menjar ni gaire roba d'abric. I, a més, estaven en una vall remota, allunyada de les rutes de les caravanes i els nòmades, on podien passar mesos sense que s'hi aventurés ningú.

Al vespre, el jove accidentat a penes havia pogut recórrer uns centenars de metres més enllà del riu. La cama se li havia inflat tant que ja no podia doblegar-la i el dolor del cap no cedia.

—Aturem-nos aquí —va dir Jetsun— i busquem un bon lloc per dormir.

Li va amanyagar els cabells i li va dir:

—Demà et trobaràs millor.

Però a la nit li va pujar la febre i va delirar. Jetsun es va passar les hores refrescant-li el front amb aigua mentre intentava pensar una manera de sortir de la situació.

En el deliri, el Joan s'imaginava que el pare el venia a rescatar i el noi el cridava contínuament perquè el trobés en la fosca.

—Pare, pare!

—No he perdut els rodets, pare, no els he perduts!

Després va caure en un son pesat.

Es va despertar cridant cobert d'una suor freda que el feia tremolar de cap a peus.

—Jetsun, he tingut un malson terrible! —va murmurar amb veu fatigada—. S'ha acomplert la visió de *lama kieno*!

—Què dius, home! Només hem perdut la meitat dels rodets! Encara queden els teus i són prou per a un reportatge sensacional! A més, *lama kieno* va dir que els veia sortir volant, com per efecte d'una explosió, i això no ha passat!

—Tinc un mal pressentiment! Quan he obert els ulls, sobre el prat, he vist clarament un núvol rodó i blanc al mig del cel! Comprova els rodets Jetsun, comprova'ls!

El Joan parlava amb dificultat entre els tremolors i la febre. Va tornar a delirar amb una excitació tan enfollida que Jetsun va tenir por que l'excés de temperatura corporal li afectés el cervell per sempre més. No se'n va allunyar ni per mirar els rodets.

Durant hores, va aplicar-li aigua freda al front per impedir que la febre continués pujant, fins que, a la matinada, ja va cedir i el Joan es va calmar per tornar a sumir-se en un son semblant al sopor.

Llavors, Jetsun va buscar la bossa del Joan i la va obrir per comprovar que hi fossin els rodets. Quan els va abocar sobre el terra per poder-los comptar no va poder evitar de llançar un crit agònic: a la bossa hi havia... pedres!

—Tsering! —va exclamar al cap d'uns segons amb totes les energies de què va ser capaç, com si la pogués fer tornar.

VIII

Tsering acabava d'enfilar les primeres rampes dels pendents abruptes que conduïen al coll quan va veure una figura fosca que avançava en la mateixa direcció que ella a una velocitat sorprenent.

Es va aturar per observar-lo. Respirava fatigosament i se sentia molt cansada perquè en els últims dos dies, des que havia deixat enrera els dos pelegrins, havia menjat poc. Per acabar d'empitjorar la seva situació, havia trobat neu al peu del coll i el seu avanç era molt lent.

La figura corria amb llargues gambades botant sobre el terra amb una extraordinària elasticitat rítmica. La silueta s'engrandia per moments i aviat va poder veure que vestia la túnica granat dels monjos.

—És un *lung-gom-pa!* —va exclamar en veu alta i es va postrar arravatada pel capteniment religiós.

Sabia que els *lung-gom-pes* eren homes sants i molt savis. Només n'havia vist un abans, quan era petita i pelegrinava amb els seus pares al Kailas. Encara recordava l'expressió de profunda reverència que havia il·luminat el rostre del seu pare i com li havia dit: «Postrem-nos davant d'aquest home savi. N'hi ha molt pocs al món i el seu encontre augmentarà els mèrits de la nostra peregrinació...»

Quan Tsering va tornar a aixecar els ulls, el *lung-gom-pa* ja era molt a prop seu. La sorpresa li va tallar l'alè:

—Jetsun!

El monjo va passar molt a prop de la noia, però no la va veure ni la va sentir. Tenia una expressió anòmala al rostre i duia els ulls esbatanats tal com succeeix en les persones hipnotitzades. Res va alterar el ritme de la seva cursa, que era tan regular com les oscil·lacions d'un pèndol.

Tsering va contemplar-lo mentre desapareixia de la seva vista amb la vaga sensació de veure'l flotar en les dilatades gambades que realitzava sobre l'accidentat terreny.

A la noia li va costar molt de reaccionar. Allò no s'ho esperava de cap manera. Fins i tot havia dubtat que Jetsun fos un veritable monjo i li semblava que duia la túnica com una disfressa per amagar una altra cosa. Una altra cosa que no havia pogut descobrir. I al final havia fugit perquè no havia pogut aguantar més la tensió.

S'adonava que sospitaven d'ella i des del primer moment havia temut que la descobrissin. S'havia hagut d'arriscar a obrir la bossa del Joan al riu per comprovar el que hi duia, però amb les dificultats de la travessia, no n'havia pogut estar segura... No va ser fins que es va quedar a la tenda dels dokpes amb les bosses dels dos nois que les va poder obrir i mirar.... però no amb massa detall perquè tot just llavors, el jove dokpa enjogassat la va importunar.

A la fi, va caure adormida sense tenir ocasió de portar a cap un examen detallat de les bosses, tal com li havien ensenyat els seus germans. Però ja se sentia més tranquil·la, perquè del que sí estava segura era del que no duien.

Després de tants dies de caminar junts, els recels que despertava en ells l'havien espantada. Tenia por de no aconseguir el seu propòsit. Allò era un mal auguri. Va decidir fer-se fonedissa.

Però no podia evitar haver agafat afecte als seus companys de camí. «On deu ser el Joan? —Es va preguntar la noia—. Per què Jetsun usa els seus dots de *lung-gom-pa?* Que estrany!» Sabia que els veritables homes savis no usaven els seus coneixements gratuïtament. Només una raó molt poderosa podia haver fet decidir Jetsun a iniciar la cursa. Però, quina?

La reververació del sol sobre la neu abrusava la noia. Calia que continués perquè no podria aguantar gaire amb el poc menjar que li quedava. Havia d'arribar a Rongbuk fos com fos.

A cada passa s'enfonsava dos pams en la neu tova i qualsevol moviment esdevenia penós. Quan va arribar el capvespre, no havia avançat més de tres-cents metres. Se sentia esgotada i famolenca.

Va buscar una roca on passar la nit. En va trobar una d'ampla i plana que encara estava calenta del sol. Allà va obrir el seu sac i va treure l'últim grapat de tsampa que li quedava.

Mentre el menjava, va contemplar la vessant que l'endemà hauria de pujar i li va semblar molt vertical sota els rajos rogencs del sol ponent. Abans d'adormir-se va tornar a pensar en els dos nois que havia deixat enrera: «Per què Jetsun anava sol? Què el pot haver impulsat a deixar el seu amic enmig de les muntanyes solitàries? Què deu fer el Joan?» Es va tocar les galtes que li cremaven del sol i d'una sufocació irreprimible que li pujava del pit.

IX

Quan vint-i-quatre hores després el *lung-gom-pa* Jetsun Thondup va creuar el coll de nou per tornar al lloc on havia deixat el Joan, va passar a la vora d'una taca fosca sobre la neu, prop del punt culminant del pas. Però no el va veure, perquè els *lung-gom-pes* corren en estat de trànsit concentrats en el seu objectiu.

Al cap d'uns minuts va arribar a la vista del Joan, que ja es trobava millor perquè la febre havia cedit quasi del tot.

Arrecerat a la seva balma, va veure un punt fosc que descendia per la vessant despullada de tota vegetació. S'apropava a una velocitat tan sorprenent com s'havia allunyat el dia anterior. Quan va ser a prop, va veure el color granat de la túnica del jove monjo que es destacava sobre el paisatge.

—És extraordinari! —va murmurar corprès, sense trobar cap paraula que pogués explicar ni de prop el que veia.

El monjo-corredor saltava amb una cadència rítmica i guanyava terreny a una velocitat inaudita. Era una imatge fantàstica veure'l avançar d'aquella manera sota la llum daurada del sol ponent. Semblava que es desplacés en l'aire i només toqués lleugerament el terra per donar-se impuls a cada gambada.

El Joan contemplava l'espectacle que li oferia la cursa de l'estudiant de lama com si fos un miratge que només es veu una vegada, que desapareix i ja no es pot recordar mai més amb prou detall per descriure'l.

Quan encara se sentia enterbolit per la febre, Jetsun li havia explicat que se n'anava a buscar ajuda i que estaria fora vint-i-quatre hores. Després el va veure desaparèixer en el temps que es triga a recitar un mantra.

Al cap d'uns segons d'haver arribat, el monjo-corredor va sortir del trànsit i va recuperar el seu estat normal. Els dos amics es van abraçar emocionats de tornar a estar junts.

—Com et trobes? Has tingut algun problema durant la meva absència? —va preguntar Jetsun observant el rostre demacrat del seu amic.

No li havia dit res de la desaparició dels rodets ni li ho diria... fins que no hi hagués més remei. L'estat de salut del jove estranger era tan precari que calia no abatre'l amb una notícia tan dolenta.

—He dormit la major part del temps. No he tornat a tenir febre alta, però em sento tan feble que no puc ni caminar.

—No et preocupis per això, amic meu. Una petita caravana de iacs i *dzomos* està a punt de rescatar-nos —va anunciar Jetsun alegrement—. Vénen monjos de Rongbuk i un guia dokpa!

I va obrir el nou sac de provisions que duia penjat a l'esquena.

—El que has de fer és alimentar-te, que no has tastat res en tres dies. Aquí porto menjar i més mantes —va dir amb entusiasme—: Hi ha xapatis amb formatge de iac, tsampa amb mel i *tormes*!

—Què són?

—Uns pastissets de mantega boníssims! Mira-te'ls! —va dir Jetsun tot ensenyant-los-hi—. Els fidels budistes els presenten com a ofrenes als monestirs, i el monestir de Rongbuk ens els ofereix per restituir-nos l'energia i la salut necessàries per continuar el camí.

—Quants dies trigaran a rescatar-nos?

—No pas gaire! Demà passat podrien arribar —va contestar el monjo satisfet, i va afegir—. Van sortir a buscar-nos abans que jo arribés, perquè l'escamot de khampes que ens vetlla va donar l'alarma.

—L'alarma?! Tan aviat?

—Sí. Van ser ells els que van donar el crit d'alerta quan érem al campament de dokpes. Vigilaven el camí de Xegar, que era per on nosaltres havíem d'aparèixer després de creuar el riu a gual, te'n recordes? Com que no vam arribar el dia que preveien, van camuflar un home entre els dokpes per observar el terreny i esbrinar què ens havia passat.

—El dokpa d'edat avançada que semblava tenir cura de nosaltres...?

—Exacte. L'home ens va identificar i ho va comunicar a l'escamot. Va dir que estàvem bé i que ja faríem cap a l'endemà o l'altre. Quan tot semblava sota control, va aparèixer la patrulla de policia...

—Què buscava la policia aquella nit? —va preguntar el Joan.

—Doncs no ens buscava a nosaltres. El lama abat de Sakya no ens va delatar a la policia. De fet, encara no sé què pretenia amb aquella nota que et va fer llegir. La policia seguia la pista d'uns fugitius de la justícia... D'una família, es veu, procedent de Kharta que s'havia esquitllat per les muntanyes amb el propòsit de creuar la frontera.

—De Kharta? Però si Tsering és...! —va cridar el Joan sense poder reprimir la sorpresa que li havien produït les paraules de Jetsun.

—Sí, Tsering venia de Kharta i viatjava amb la seva família... —va afegir Jetsun mirant el Joan de fit a fit—. No hem trobat res contra ella, Joan. Ni els khampes que ens vetllen ni els monjos de Rongbuk no la tenen fitxada com espia dels xinesos.

—Gràcies a Déu! No saps com me n'alegro! Què se n'ha fet d'ella?

—Ningú no l'ha vista més. Vés a saber on para! Potser s'ha reunit amb els seus germans.

—Continua explicant-me el que va passar al campament dokpa....

—Doncs els soldats van registrar el campament i van detenir alguns homes, però en definitiva, no van trobar el que buscaven: els germans de Tsering. En el desconcert dels primers moments, els khampes ens van perdre de vista i no van saber què ens havia passat.

—Potser es van pensar que ens havien fet presoners! —va dir el Joan.

—De seguida van descartar aquesta possibilitat perquè els seus contactes a les presons van negar haver-nos vist. Llavors van sospitar que havíem fugit per les muntanyes per fer cap a Rongbuk sense passar per Xegar. Sabien que la ruta era difícil i van tenir por que ens perdéssim.

—Si estaven tan pendents de nosaltres, per què no ens venien darrera per ajudar-nos?

—No ho van poder fer per la presència dels soldats. Llavors van anar a Rongbuk a entrevistar-se amb un vell lama que té poders telepàtics.

El Joan allò no s'ho esperava.

—Au, va, home! —va fer esclafint una rialla.

—Tant si t'ho creus com si no, va sentir els nostres crits d'espant a l'accident de la tirolina, a l'hora i el dia en què va succeir i es va adonar que tu t'exclamaves en una llengua estrangera —va dir Jetsun tot mirant-lo al fons dels ulls—. Per la tirolina, de seguida van saber en quina vall ens trobàvem.

—Això sí que és fantàstic...! Com... com vols que m'ho cregui...?!

—Doncs tu mateix, incrèdul. La caravana porta preparat un dzomo d'ample llom per transportar-te a tu, que no pots caminar, perquè el monjo va dir: «N'hi ha un, que és estranger, que s'ha fet mal i no podrà arribar pels seus propis mitjans».

—Em sembla que em prens el pèl —va dir el Joan secament.

—Els occidentals només creieu allò que podeu demostrar científicament. Ho heu de poder tocar, seccionar, analitzar, manipular i reproduir en un laboratori a cor què vols per admetre-ho. Però hi ha moltes coses més enllà del que es pot tocar.

—Què vols dir?

—Hi ha diferents nivells de coneixement i et diré que el més barroer és el que es basa en les coses materials que es poden tocar. És un coneixement tan banal que a penes interessa ningú aquí, al Tibet!

—Però, Jetsun, si donem crèdit a les coses que ens imaginem no hi haurà rigor en el coneixement! Si considerem real el producte de la nostra imaginació, no distingirem el món exterior del nostre món interior!

—Per contestar-te t'explicaré una anècdota: hi havia un monjo novici amb veritables ànsies de coneixement que es va voler tancar en una cel·la per meditar sota la direcció del seu gurú. Va estar mesos i anys tancat meditant sempre, fins que va presentar-se davant del seu mestre i li va confessar: «Mestre, he arribat a la conclusió que l'objecte de la meva meditació és una fantasmagoria creada per la meva pròpia ment». Llavors el gurú li va contestar: «Precisament això és el que volia que veiessis. Els déus, els esperits del mal, l'univers sencer són un miratge que existeix en el nostre esperit; en ell sorgeix i en ell es disol».

—Vols dir que no hi ha diferència entre jo i la resta del món, entre jo i els altres, entre el que és i el que m'imagino?

—Més o menys vol dir això.

—Llavors, per què a tu no et fa mal la cama com a mi? —va etzibar-li de cop.

—He fet malament d'intentar-t'ho explicar, perquè aquestes coses només s'aprenen amb l'experiència —va replicar Jetsun.

Es va girar i es va allunyar del Joan, impassible al seu atac.

X

Van fer cap a Rongbuk deu dies més tard gràcies a l'ajuda dels homes que els havien anat a rescatar. La caravana de salvament va arribar a la balma amb un *dzomo* ja carregat amb el cos exànime d'una noia tibetana que havien trobat prop del latza del coll.

—Tsering! —va cridar el Joan en reconèixer-la

—Com està? —va demanar Jetsun—. Encara és viva?

—Sí, és viva, però la vam trobar inconscient i encara no ha recuperat el coneixement. El monjo Kunga té cura d'ella —va contestar el guia dokpa.

Jetsun i Kunga van escorcollar meticulosament les pertenences de la noia per intentar aclarir la misteriosa desaparició dels rodets.

—Aquí no hi ha res de res! —va dir el monjo de Rongbuk.

—Creus que potser els ha amagats pel camí? —va preguntar Jetsun.

—No ho crec pas! Un tresor com aquest es porta a sobre fins que triomfes o et mors... Més aviat penso que ella no té res a veure amb els rodets. Pel que sabem, els seus germans també fugen de la policia.

—Llavors, per què li va obrir la bossa al Joan?

—Vés a saber! Potser ella pensava que éreu vosaltres els còmplices de la policia. Al cap i a la fi, la seva vida estava en joc perquè pesa una pena de mort sobre ella i la seva família.

—Pena de mort! Per què?

—Per ajudar a perseguits per la justícia a fugir del país a través de les muntanyes.

—Oh...Era això...! —va dir Jetsun completament astorat.

Per primer cop, pensava que la seva actitud recelosa podia haver estat tan sospitosa per a la jove com la d'ella per als dos nois.

Tsering va obrir els ulls a l'ombra de la balma aquella mateixa tarda. El primer que va veure fou el Joan, que se la mirava embadalit.

—*Toshi dili!* —va murmurar el jove estranger prement-li una mà.

Ella estava tan dèbil que només va poder somriure.

L'endemà van iniciar la travessia. La noia ocupava el *dzomo* que avançava davant del del Joan i ell no la perdia de vista.

El camí va ser dificultós. Primer, van haver d'assolir el coll en condicions penoses a causa de la neu que s'hi havia acumulat. Després, el descens de sis dies per la llarga vall angosta i corbada que conduïa al monestir va tenir lloc sota una pluja incessant.

Quan al cap d'uns dies Tsering va ser capaç de parlar, va explicar que els havia confós amb dos espies dels xinesos.

—Havíem fugit de Kharta amb la policia darrera nostre. Fins i tot caminàvem de nit, per això vaig ensopegar i ferir-me una cama... No hi va haver més remei que jo em quedés al monestir de Sakya per recuperar-me mentre els meus germans s'esquitllaven per les muntanyes. Havíem quedat que ens trobaríem a Rongbuk.

—Per això et vas entestar a venir amb nosaltres?

—És clar! Calia que arribés a Rongbuk fos com fos i en el mínim temps possible. Al principi vaig pensar que éreu realment pelegrins. Però quan Jetsun va dir: *Do you speak English? How much, how much...? Ten dollar, ten dollar, ten dollar!* Em vaig pensar que m'havia posat a la gola del llop.

—Coneixes aquesta contrasenya? Què vol dir? —va demanar Jetsun amb vehemència.

—Els torturadors repetien incessantment aquestes paraules a les seves víctimes després dels disturbis de Lhasa. Volien saber qui parlava anglès i descobrir les seves connexions amb l'estranger. Sabeu de què tenen més por, les autoritats? Doncs de les crítiques de la premsa mundial!

—Vas dissimular tan bé que coneixies aquesta frase que ens vas enganyar! —va fer el Joan.

—Perquè estava previnguda. El meu cosí més jove va ser empresonat i torturat. No li'n van treure res i, quan el van deixar anar, va morir a causa de les ferides. Va ser una tortura atroç... —Tsering es va aturar amb els ulls inundats de llàgrimes.

El Joan li va prémer les mans. Al cap d'un minut, ella va reprendre el fil:

—Van enregistrar la frase i la feien sonar pels altaveus de la presó a un volum infernal per no deixar descansar mai els presoners. Així no podien dormir i es debilitaven mentalment...

—Per què aquesta frase precisament?

—Perquè era la frase amb què establien contacte els estrangers amb els monjos i lames independentistes als monestirs. Entrava un turista en una capella i deia al primer monjo que trobava: *Do you speak English?* (Parles anglès?) Llavors assenyalava alguna sala tancada al públic i afegia: *How much, how much?* (Quant val?) Donant a entendre que pagaria diners per visitar la sala. Si el monjo estava ficat en el moviment, contestava: *Ten dollar, ten dollar, ten dollar!* (Deu dòlars, deu dòlars, deu dòlars!) Justament tres vegades, amb aquesta cadència —va aclarir Kunga, que seguia atentament les explicacions de Tsering.

—Tortura psicològica! —va fer el Joan sentint que se li posava la pell de gallina.

—Fan experiments amb els presoners sobre diferents tipus de tortura i desgast moral —va afirmar Jetsun.

—Què devia pretendre el lama abat de Sakya fent-me llegir aquestes paraules? —va dir el Joan.

—Espantar-nos i després utilitzar-nos per dur a terme el seu pla —va afirmar Kunga.

—Quin pla?

—Mai no el sabrem exactament. El lama abat de Sakya jugava amb els dos bàndols. Tenia confidents dels uns i dels altres. Segurament sabia que teníem els rodets i en volia treure algun profit personal. Va aparèixer mort al seu llit l'endemà de la nostra partida.

—Una altra mort! Però qui...? —El Joan havia quedat perplex per la notícia.

—No se sap qui ho va fer. Com ja et vaig dir, mai no s'havien trobat proves contra ell, només hi havia sospites. L'únic acte que el delatava obertament va ser el que va emprendre contra nosaltres... i no va sobreviure ni vint-i-quatre hores després de fracassar-hi! —va explicar Jetsun.

—Tsering, per què em vas obrir el sac al riu? —va preguntar el Joan després d'una pausa.

—Per saber si hi duies armes! Tots els espies en porten! La bossa de Jetsun la vaig escorcollar al campament dokpa. Em vaig tranquil·litzar quan vaig comprovar que no en portàveu... però els vostres recels continus eren insuportables! Feien sospitar qualsevol cosa i, per por que a Rongbuk me'n féssiu alguna, vaig decidir desaparèixer abans d'arribar-hi.

XI

Rongbuk, vist des de lluny, era una immensitat de ruïnes dipositades al fons pla d'una vall àmplia i verda. Les muntanyes del seu voltant s'aixecaven blanques de neu directes cap al cel, esgarrapant els núvols com si volguessin foradar la volta celest.

—El monestir va ser totalment destruït pels xinesos. Des de fa uns quants anys alguns monjos i lames l'hem començat a reconstruir —va explicar Kunga.

Quan faltaven un parell d'hores per arribar-hi, els va sorprendre sentir el so d'una música estranya. Era tan greu i lenta que semblava confondre's amb els udols del vent.

—Ens vénen a rebre! —va dir Jetsun.

Va córrer fins on el Joan es trobava i el va agafar de les mans.

—Se sent un *damaru* (timbal) i els *kang-ling* (trompetes)! És la música de les benvingudes... *Lha gyalo! De Tamtxé pham!* (Els déus triomfen! Els dimonis són vençuts!) La sort ens acompanya!

La seva alegria només quedava enterbolida per la pèrdua dels rodets. La seva desaparició era un misteri, però estava segur que la visió del lama kieno no s'havia acomplert. Només un núvol rodó i blanc al cel no s'ajustava al que havia dit l'ancià i Jetsun tenia un bon pressentiment. Se sentia optimista.

El seu acontentament es va estendre entre tots els components de la caravana i de seguida es van sentir rialles i crits. Per fi s'eixugarien la roba, menjarien i dormirien secs, i deixarien de sentir el fred que els havia entumit els membres al llarg de tota la travessia.

La música se sentia cada cop més a prop. El seu so profund, opac, d'estranyes ressonàncies penetrava profundament en l'oïda fins a apagar qualsevol altre soroll.

—Són els monjos del monestir —va dir Kunga al Joan.

La veu del monjo esdevenia estranyament sorda en contrast amb la música.

—El *damaru* està fet amb el crani d'un home savi i els *kang-ling* amb els seus fèmurs, per això el so de la música és tan pregon que sembla que emborratxi l'ànima.

El Joan se'l va mirar amb els ulls esbatanats per l'esglai però no va tenir temps de dir res perquè en aquell moment es van trobar amb la comitiva de benvinguda. Anava precedida pel lama Rabdjons Gyatso, el que els havia vist en el pas de la tirolina.

—El Lama ha anunciat que havíeu enfilat l'últim tram de camí i hem sortit a rebre-us —va dir el monjo que es trobava a la dreta del lama.

—*Lha gyalo!* —van contestar els de la caravana tot saludant.

—*Çoubham astou sarvadja gatam!* (Que tots els éssers siguin feliços!) —va respondre el lama i els va convidar a seguir-lo fins al monestir.

—Que lluny em semblen els dies de Lhasa, Jetsun! I el meu país, el meu petit país vora la mar em sembla tan irreal com si l'hagués somiat mentre delirava... —va dir el Joan en veu baixa a Jetsun.

—Mai més no serem com abans, després d'això —va respondre ell mirant-lo amb expressió serena.

—Només hi ha una cosa que no he pogut oblidar, ni quan m'estava a punt d'estavellar al riu... —va dir el Joan sentint els ulls coents de llàgrimes—. El pare! Encara deu estar tancat a la presó... potser el torturen i passa penalitats...

—No, Joan. Tractaran bé els periodistes occidentals, home, perquè quan surtin ho publicaran tot. No pateixis per això. A més, d'aquí a una mica, quan siguem al monestir, podràs parlar amb els khampes —en dir això li va llançar una mirada vivaç i plena d'emoció—. Segurament tindran notícies noves sobre el teu pare!

XII

A Rongbuk hi havia el petit escamot de khampes que havien conegut a Lhasa feia temps. Dawasandup, l'home de trets regulars i cos escardalenc que capitanejava el grup els va sortir a rebre.

—Els esglaons s'han de pujar d'un en un si es vol arribar al cim —va dir al Joan en tibetà.

Somreia amb satisfacció.

—Encara no hem arribat al cim, amic Dawasandup, i jo ja he estat a punt de morir unes quantes vegades —va contestar-li el jove estranger.

—Però els oracles ens són favorables —va replicar el khampa—. No dubtis que aconseguirem el nostre objectiu.

I va afegir amb la mirada espurnejant:

—Tinc notícies del teu pare i dels altres periodistes.

—Com estan?! Com els tracten...? —va exclamar el noi tremolant d'emoció.

—Estan bé, però impacients per sortir de la presó. Els han canviat la pena de vint anys per cadena perpètua.

—Cadena perpètua!

—Conserven la calma perquè confien en tu, si no es desesperarien. Quan els meus homes poden, els passen notícies teves. Saben que ja ets a prop de la frontera i cada dia estan pendents de ser alliberats.

Una profunda sensació de satisfacció va envair el Joan en sentir les paraules de Dawasandup. Estaven asseguts a terra davant de la porta principal del monestir sobre les mantes vermelles dels khampes. Havia deixat de ploure per primera vegada en molts dies i el sol els escalfava entre els núvols esqueixats.

Tanmateix, el rostre de Jetsun era ombrívol. Va llançar una mirada esbiaixada al Joan. Havia arribat el moment de parlar dels rodets.

—Amic Dawasandup, t'haig d'explicar què ha passat amb els rodets... —va dir amb veu apagada.

—No m'expliquis res, *trappa*, abans que jo us ensenyi una cosa que us porto.

Amb un gest ràpid, el capità va abocar sobre la catifa un grapat d'objectes brillants sota el sol.

—Els rodets! —va exclamar el Joan—. Com és que tens tu els rodets?

Se'l mirava com si veiés un fantasma, sense capacitat de reacció.

—Quan jo arribo, tu ja en tornes Dawasandup —va dir Jetsun quan es va recuperar de la sorpresa—. Ja m'explicaràs com t'ho has fet per prendre'ns els rodets sense que ens n'adonéssim!

—No us els he pres jo ni els meus homes, sinó que us van robar al campament dokpa.

El Joan i Jetsun es van intercanviar una mirada incrèdula.

—Els dokpes acostumen a ser bones persones. Són ingenus i amables i els agrada compartir-ho tot. Però de tant en tant n'hi ha algun que és un poca-vergonya i vosaltres us hi vau topar.

—Ens va robar un dokpa... Llavors, el que em va caure al riu no eren els rodets! —va dir Jetsun—. *Lha gyalo, lha gyalo!* (Els déus triomfen!)

—Com és que teniu els rodets vosaltres, ara? —va preguntar el Joan contenint els batecs del seu cor.

—Un dels joves dokpes que hi havia al campament no va creure que portéssiu cendres dintre les capses. Es pensava que hi dúieu diners perquè es va adonar que hi havia alguna cosa d'especial en el Joan. Es va imaginar que era algú important que viatjava d'incògnit i que deia allò de les cendres per passar desapercebut. Així que us va robar cap a la mitjanit i va fugir a Xegar, unes hores abans que aparegués la patrulla de policia. A Xegar va descobrir que havia robat una cosa que no sabia què era, però ho va intentar vendre igualment.

—Aquest va ser el seu error —va dir Jetsun

—Sí. El vam localitzar de seguida perquè tenim bons contactes a Xegar. De fet, estàvem a l'aguait per ajudar-vos o intervenir quan fes falta.

—I n'ha fet! —va fer el Joan.

Voltat dels seus amics se sentia protegit i més a prop que mai d'aconseguir el seu objectiu. I els ho agraïa infinitament.

XIII

Van romandre a Rongbuk un mes fins que el Joan es va recuperar totalment. Durant aquell curt període de temps es va integrar a la vida monàstica i sota la direcció del lama abat realitzava exercicis de meditació i concentració que l'ajudaven a comprendre algunes de les coses que Jetsun li havia dit durant el viatge.

A poc a poc, el cap li va deixar de fer mal i el genoll es va anar desinflant. Només els ulls el continuaven molestant una mica perquè la llum era tan forta que els hi irritava, però tot i així se sentia bé i amb prou forces per emprendre la part més dura del camí.

Dawasandup els va advertir que no intentessin creuar el coll del Nangpa La perquè estava molt vigilat. Allà havien detingut un mes abans els germans de Tsering, que estaven empresonats a Xegar, a punt de ser executats.

—Què faré jo, ara? —va dir la noia entre llàgrimes—. Ja no em queda família en llibertat... Tots són morts o estan detinguts!

Va plorar en silenci durant hores asseguda en un racó. Després va buscar Jetsun i el Joan.

—Preneu-me amb vosaltres! Si em quedo aquí hauré de viure amagada, i si un dia em detenen, em mataran!

—És clar que sí, dona —va dir el jove estranger, sentint que el rubor li cobria les galtes i que el cor se li eixamplava dintre el pit.

Jetsun va assentir. Se sentia en deute amb l'adolescent després de com l'havia torturada amb les seves sospites.

—Fugiu pel coll del Nupla —va dir el capità—. És un pas de més difícil accés, però infinitament més segur.

Van preparar minuciosament l'última etapa del viatge i es van repartir de nou els rodets. Jetsun se'n va posar un a cada butxaca i va dir:

—Mai no se sap què pot passar, noi, cal dividir els fronts! Aquest cop no els perdré tots sense seguir-los.

Kunga havia de conduir el iac que els acompanyaria. El van carregar de tsampa amb mel, de formatge i te, de roba d'abric i de bonyigues seques barrejades amb miques de llenya per fer foc a la nit. I així es van disposar a sortir una matinada freda i clara del mes de gener, quan feia mes de tres mesos que havien tingut lloc els disturbis de Lhasa i que el pare del Joan es trobava a la presó.

—Tardareu cinc dies a creuar el coll —els va dir Dawasandup—. Kunga us acompanyarà amb el seu iac durant les quatre primeres jornades, fins al peu del tram final, que és inaccessible per a l'animal. Un cop passat el coll, en tres o quatre dies arribareu a Namtxe Bazar des d'on podreu telefonar o telegrafiar al món exterior amb tota facilitat. *Kale peb!*

—*Kale ju!* —van respondre els nois amb els ulls plens de llàgrimes—. No us oblidarem mai! *Kelitxoo, kelitxoo!* (Adéu!)

—*Lha gyalo!*—va cridar-los el lama abat del monestir agitant un petit estendard vermell—. *Kale peb!*

Quan ja eren lluny, es van girar i encara els van veure retallats sobre la vall que es començava a il·luminar amb el sol. Romanien quiets, parats, mirant-los com marxaven. Van agitar de nou els braços. Una bona dosi d'esperança d'aconseguir restituir la llibertat al Tibet estava en mans dels joves expedicionaris.

Les dues primeres jornades van transcórrer sota un cel rutilant de llum i de color seguint el pas oscil·lant del iac. Van superar vessants enlairats i valls abruptes que s'amagaven en els replecs gegantins de les muntanyes.

—Xomolungma! —va dir Kunga en un revolt del camí.

Era el segon dia i assenyalava una muntanya de cim triangular tot cobert de neu.

—És el Xomolungma, l'Everest, home! La muntanya més alta del món —va aclarir Jetsun.

A les nits encenien un foc que aprofitaven per escalfar-se i fer te i xapatis. Es contaven històries que els feien riure o discutir o bé xerraven llargues hores sota la tranquil·la mirada de Kunga.

Al tercer dia, el camí es va fer més agrest i el iac sovint vacil·lava en els passos més enfilats. Només els crits de Kunga aconseguien de fer-lo moure per seguir endavant.

A la nit van acampar quan ja veien la llengua del glacial. A l'endemà l'haurien de superar tot sols perquè Kunga i el iac se'n tornaven.

—No hi ha pèrdua —els va dir el guia—. Un cop al coll, iniciareu un ràpid descens pel vessant nepalès i enfilareu la llarga vall que condueix a Namtxe. Fareu cap a camins transitats on trobareu menjar, cases per dormir i tot el que us pugui fer falta.

Els va desitjar sort en el camí amb un *kata* al voltant del coll i va afegir:

—Aneu amb compte amb les esquerdes del glacial.

Van dormir junts per última vegada, ben arrecerats al iac de llarg pèl perquè els donés calor. A la matinada es van acomiadar del seu amic Kunga amb emoció:

—*Kelitxoo, kelitxoo!*

—*Kale peb!*

—Aneu en pau! M'esperaré un dia sencer aquí. Si teniu algun problema, torneu. Si no ho feu, suposaré que tot ha anat bé. *Kale ju!*

La travessia del coll va ser lenta i penosa perquè anaven carregats amb farcells que fins llavors havia dut el iac. El Joan a penes podia obrir els ulls sota la intensa llum lacerant del sol que es reflectia sobre la neu gelada de la glacera. A més, calia anar amb compte amb les desenes d'esquerdes que s'obrien sobre el terra.

—Sobretot, no reslliscqueu —els va advertir Tsering.

Ella tenia experiència en aquell tipus de travessies i sabia que les vores de les esquerdes solen estar més gelades que la resta de la neu de la glacera.

Caminaven en fila índia igual que qualsevol columna de refugiats tibetans. Abandonaven el país amb el cor oprimit de tristesa pel que deixaven enrera i esperonats per la por de ser divisats per alguna patrulla xinesa des de terra o des de l'aire.

Al punt més alt del coll no hi havia cap *latza* perquè no era un pas habitual de pelegrins o caravanes.

Però Jetsun va clavar sobre la neu tres banderetes d'oració de colors diferents que tenien escrit el *mantra Aum manni padme hum* (la flor sobre el lotus). Després, seguint la tradició, tots tres van cridar:

—*Lha gyalo! Çoubham astou sarvadja gatam!* (Els déus han vençut! Que tots els éssers siguin feliços!).

Així van donar gràcies a les divinitats protectores per haver-los ajudat a superar les dificultats del coll sense entrebancs.

Van iniciar el descens per un pendent abrupte entre enormes plaques de neu i gel que s'havien desprès d'una cornisa superior i que eren tan grosses com ells mateixos.

—Mireu! —va exclamar Jetsun al cap de poc—. Allà hi ha gent!

—Són alpinistes —va dir Tsering—. Són alpinistes occidentals!

El Joan a penes veia res amb els ulls plorosos i entretancats. Li coïen terriblement sota aquella llum tan viva que semblava una explosió.

Més tard recordaria que s'havia aturat pensant que potser mai més hi veuria com abans. Després de descarregar-se el sac que li partia l'esquena de dolor, es va posar les mans en forma de visera sobre el front, suat pel sol abrasador del migdia, per escodrinyar l'horitzó.

—*Hellow, hellow!* —van cridar les figures vestides de colors vius—. *Come down, come here!* (Baixeu, veniu!).

—*Toshi dili!* —va saludar Tsering engrescada.

—*Hello, hello!* —van contestar Jetsun i el Joan quasi a l'uníson.

Però abans d'acabar de pronunciar aquelles paraules, un bram que sorgia de la muntanya les va apagar.

Un enorme núvol blanc de neu i gel els va atrapar en el seu avanç tumultuós i els va submergir en les ones descendents de l'allau que escombrava tot el que trobava al seu pas.

El Joan se sentia transportat alternativament cap a la superfície i cap al fons alhora que la neu li omplia la boca i el nas. No podia respirar i una angoixa incontrolable es va apoderar d'ell. A cops veia Jetsun o Tsering prop seu i, en sec, es tornava a trobar tot sol atrapat per la foscor del descens onejant. Després ascendia de nou i podia veure la llum del sol que el guaitava entre els cristalls de neu que li tallaven la pell de la cara i de les mans.

En sec es va adonar que s'havia aturat i, abans de tenir temps de pensar res, va apartar la neu que l'oprimia. Va ser un gest instintiu, d'animal engabiat. Un raig blanc de llum el va cegar i el va obligar a tancar els ulls mentre escopia la neu que li atapeïa la boca i començava a omplir els pulmons entre els esbufecs provocats per l'angúnia de l'asfixia.

Haver-se descarregat el sac li havia salvat la vida perquè el seu pes no l'havia enfonsat en la neu, però havia significat perdre els rodets.

Es va aixecar d'un bot en recordar Jetsun i Tsering que es trobaven a la seva vora parlant i rient només uns minuts abans.

—Tsering! Jetsun!

Li va contestar un silenci tens que es dilatava infinitament en el paisatge blanc, fins que va veure una trena de Tsering que serpentejava sobre la neu.

—Tsering, ja vinc! Aguanta, aguanta que ja sóc aquí!

S'hi va abalançar i va excavar frenèticament fins que li va haver desenterrat el cap. Encara vivia i estava conscient.

—*Lha gyalo* (Els déus han vençut!) —va murmurar amb veu feble.

—Tsering, amiga meva, estàs viva! —va dir el Joan amb tendresa.

Plorava i tremolava de cap a peus mentre li amanyagava els cabells. La va ajudar a sortir de la neu i junts van buscar Jetsun.

Però no en veien cap indici. No emergia ni un tros de roba ni un peu ni una mà, res. Van excavar aquí i allà amb ràbia, amb desesperació, amb llàgrimes als ulls i van deixar la neu esquitxada per la sang que rajava de la infinitat de petits talls que els produïen els cristalls gelats de la neu.

—*How are you boy?*—el Joan va sentir que li cridava algú molt a prop del rostre sacsejant-lo violentament—. Com estàs? Tens alguna ferida?

No havia sentit aproximar-se ningú i va mirar sense veure més que una ombra abocada sobre ell. Llavors va reconèixer la figura d'un dels muntanyencs que havia vist allà baix, tan lluny, que acabava d'arribar a la seva vora. Tot de cop, es va adonar que ja havia passat molt de temps i que calia trobar Jetsun de seguida o moriria sense remei.

—El meu amic està enterrat a la neu! —va xisclar en anglès tot aferrant-se a l'home vestit de vermell que ara distingia clarament davant seu—. Ajudeu-nos, si us plau, ajudeu-nos a trobar-lo!

Els altres alpinistes també havien arribat i de seguida els van ajudar a excavar amb les pales plegables que duien a les motxilles.

Es van desplegar amb ordre per cobrir una àmplia zona i van treballar amb tanta tenacitat com si es tractés d'un d'ells.

Les hores s'escolaven inexhorablement mentre una fúria irreprimible oprimia el pit del Joan. No podia deixar de pronunciar el nom del seu amic abraçat a Tsering. Ella, esgotada per la tensió i el dolor, havia caigut en un estat de semiinconsciència i estava ajaguda sobre la neu.

Quan els rajos oblics del sol van començar a allargassar l'ombra del Xomolungma sobre seu, va aparèixer el cadàver de Jetsun.

Només mirar-lo, el Joan es va adonar que havia sobreviscut a l'allau i alguna cosa es va trencar dintre seu pensant en els minuts terribles previs a l'asfixia en què Jetsun havia agonitzat esbatanant els ulls en la tomba gèlida, esperant encara el rescat que no havia arribat.

Tanmateix, el seu rostre no estava contret i semblava que s'havia lliurat a la mort amb serenitat. Finalment, l'estudiant de lama havia entès el seu oracle.

El Joan va recordar les paraules que el mateix *trappa* li havia dit i va sentir que un estrany consol omplia de pau els seus pensaments confosos: «L'esperit flueix, continua fluint i fluirà eternament, només hi ha canvis d'estat.»

Es va adonar que tenia un puny fèrriament tancat com si hi guardés alguna cosa.

—Un rodet! —va cridar el Joan envaït d'una sensació indescriptible de derrota, triomf i desolació—. L'únic que s'ha salvat!

S'havia acomplert la visió de *lama kieno*: un núvol blanc i rodó els havia caigut a sobre i tots els rodets, menys un, havien sortit volant.

El que quedava desprenia tènues llampurnes al seu palmell. Era l'estrella salvadora del pare i dels altres periodistes. «Només que en quedi un, o encara que els perdem tots, caldrà seguir el camí —havia dit Jetsun—. El camí, el destí que aquesta vida té reservat a cada un, el kharma.»

A la fi comprenia el significat de la paraula kharma. L'experiència l'hi havia ensenyat.

—*Lha gyalo, lama kieno* —va murmurar mentre s'inclinava amb les mans juntes sobre la boca cap a terres tibetanes.

Estava ben convençut que allà ja devien saber el que els havia ocorregut. Fins i tot potser el lama de Sakya, el que havia tingut la visió del núvol, ja sabia el que li havia de passar a Jetsun i per això s'havia volgut quedar tot sol amb ell.

Llavors va recordar els passatges del Bardo-Thodol que Jetsun havia llegit al monjo Lhamo Takla. Va treure el llibre relligat del seu sac i els va recitar en la quietud del capvespre, per guiar la consciència del jove monjo pel camí intermedi:

> «Ai de mi, separat dels meus amics, haig d'errar sol en el moment en què les formes buides (que no són sinó les meves pròpies projeccions) m'assalten. Que es dignin els Budes a concedir-me la força que m'alliberarà de la por, l'angoixa i els espants de l'estat intermedi.
>
> Ara, que haig de patir les meves accions sense possible escapatòria, crido en el meu auxili el Senyor de la Compassió i que així se m'aparegui la benaventurada llum, la clara llum de la Budeïtat Perfecta.»